Omas beste Einmachrezepte

Sonderausgabe

Baierbrunner Straße 27, 81379 München

Chefredaktion: Dr. Matthias Feldbaum
Redaktion: Lea Schmid
Produktion: Frank Speicher
Abbildungen: siehe Bildnachweis S. 216
Titelabbildungen: StockFood (auch hinten), mauritius images (Oma)
Umschlaggestaltung: X-Design, München
Layout unter Verwendung grafischer Elemente
von IMSI USA, Novato, CA

ISBN 978-3-8174-9571-9
381749571/1

www.compactverlag.de

Inhalt

Vorwort

Vor einigen Jahrzehnten gab es wohl kaum einen Haushalt, in dem nicht ein Einkochtopf zu finden war und der Inhalt köstlich gefüllter Weckgläser auf den Verzehr wartete. Das Einkochen und das Einlegen von Frischwaren waren eine Notwendigkeit, denn nur so war es möglich, sich das ganze Jahr über mit Obst und Gemüse zu versorgen. Mit dem Einzug von Tiefkühltruhen und Konserven in die Haushalte geriet das Konservieren in Einkochgläsern zunächst in Vergessenheit, heute wird die Vielfalt und Raffinesse des Einweckens wiederentdeckt: Selbst gemachte Konfitüren und Kompotte, eingekochtes Obst, in Öl oder Essig eingelegtes Gemüse, aber auch exotische Chutneys schmecken köstlich, zudem ist die Zubereitung nicht sehr aufwendig, und man kann die Zutaten nach seinem eigenen Geschmack beliebig zusammenstellen und variieren.

Doch auch anderes selbst Gemachtes aus der heimischen Küche erlebt ein Comeback: Selbst angesetzte fruchtige Liköre und mit Kräutern oder Früchten aromatisierte Essige oder Öle werden nicht nur für den Eigengebrauch hergestellt, die aromatischen Köstlichkeiten sind auch originelle Mitbringsel.

Verfahren, um Lebensmittel vor dem Verderben zu schützen und haltbar zu machen, wurden bereits vor Jahrtausenden entwickelt. So waren die konservierenden Eigenschaften von Essig, Öl und Salz bereits in der Antike bekannt.

Das Einkochen hingegen ist eine jüngere Methode zum Konservieren von Frischwaren. Nachdem es dem Wissenschaftler Otto von Guericke im 17. Jahrhundert erstmals gelungen war, ein Vakuum künstlich herzustellen, konnte der Franzose Denis Papin im gleichen Jahrhundert bei Experimenten mit Dampf ein Vakuum in einem Kochtopf erzeugen und so die ersten Lebensmittel konservieren. Ende des 18. Jahrhunderts entwickelte der französische Koch und Konditor François Nicolas Appert eine Methode, um Lebensmittel durch Erhitzen auf 100 Grad in einem geschlossenen Behälter haltbar zumachen. Die theoretische Grundlage für diese Art des Konservierens lieferte der Wissenschaftler Louis Pasteur, der beschrieb, wie Mikroorganismen durch Einwirkung von Hitze abgetötet werden. Doch erst Rudolf Rempel vereinigte im 19. Jahrhundert diese verschiedenen Ansätze und entwickelte Gläser, die mit einem Deckel und einem Gummiring geschlossen wurden, sowie einen Apparat, um Lebensmittel in diesen Gläsern einzukochen und gleichzeitig luftdicht zu verschließen. Nach dem Tod Rempels übernahm Johann Weck dessen Patent zum Einkochen und begann Ende des 19. Jahrhunderts mit der Produktion von Einkochgläsern. Das Einkochen in Weck-Einkochgläsern wurde rasch so beliebt, dass der Ausdruck „Einwecken" zum Synonym für Einkochen wurde.

Herstellung & Lagerung

Einmachen

Konfitüren – ebenso wie Marmeladen und Gelees – werden eingemacht, indem frische zerkleinerte oder pürierte Früchte mit reichlich Zucker gekocht und dann in saubere – am besten mit kochendem Wasser ausgespülte – Gläser gefüllt werden. Sehr gut eignen sich Gläser mit Twist-off-Verschlüssen, in denen der süße Brotaufstrich luftdicht verschlossen werden kann. Anschließend werden die Gläser für einige Minuten auf den Kopf gestellt, sodass auch das Innere des Deckels durch die heiße Masse keimfrei wird. Konserviert wird die Konfitüre lediglich durch den hohen Anteil an Zucker. Dieser vernichtet nicht nur Mikroorganismen, auch Vitamine werden durch den Zusatz von Zucker langsamer abgebaut, und Farbe und Aroma der Früchte bleiben länger erhalten. Eingemachte Konfitüre ist bis zu einem Jahr haltbar; soll sie länger aufbewahrt werden, muss die Konfitüre zusätzlich noch eingekocht werden. Auf die gleiche Weise werden Chutneys und Relishes zubereitet. Obst und Gemüse werden unter Zugabe von Essig, Zucker sowie Kräutern zu einer breiigen Masse gekocht und dann luftdicht verschlossen. Konserviert werden diese Würzsoßen durch die Essig-Zucker-Mischung.

Einkochen

Durch Einkochen lassen sich zahlreiche Speisen konservieren: Beispielsweise Mus, Konfitüre, Fleisch und Suppengerichte können auf diese Weise für lange Zeit aufbewahrt werden. Obst und Gemüse können auch direkt in den Gläsern zubereitet werden. Die Lebensmittel werden roh oder vorgekocht in saubere Einweckgläser gefüllt, diese werden mit Gummiring und Deckel verschlossen, zusätzlich wird der Deckel mit einer Federklammer befestigt. Auch die praktischen Schraubgläser eignen sich zum Einkochen. Die Gläser werden anschließend im Wasserbad erhitzt, entweder im Einkochtopf oder in der Fettpfanne im Backofen – dabei dürfen sich die Gläser nicht berühren. Damit das Einkochen gelingt, sollte genau nach Rezept gearbeitet und Temperatur, Einkochzeit sowie Mengenangaben exakt eingehalten werden. Wenn es schnell gehen soll, kann im Schnellkochtopf eingeweckt werden, kleine Mengen kann man auch in der Mikrowelle einkochen. Durch das Erhitzen werden nicht nur die Mikroorganismen abgetötet, auch das Luftvolumen vergrößert sich und entweicht aus den Einkochgläsern. Beim Abkühlen bildet sich in den Gläsern ein Vakuum, durch das der Deckel auf dem Glas festgehalten wird. Auf diese Weise sind eingekochte Speisen mehrere Jahre haltbar.

Einlegen

Einlegen in Essig

Auch durch Essigsäure werden die Schimmel bildenden Mikroorganismen in Lebensmitteln abgetötet. Zudem bekommt in Essig eingelegtes Gemüse ein besonderes Aroma. Zum Einlegen eignet sich hochwertiger milder Wein- oder Obstessig mit einem Säureanteil von mindestens 5 %, das Gemüse sollte frisch, von bester Qualität und möglichst nicht gespritzt sein. Es kann roh eingelegt werden oder wird vorher kurz blanchiert. Es empfiehlt sich, das Gemüse vor dem Einlegen mit Salz zu bestreuen und 12 bis 48 Stunden ziehen zu lassen. So wird ihm Flüssigkeit entzogen, und die Essiglösung wird nicht verwässert. Je nach Gemüsesorte kann der Essig kalt oder heiß über das Einleggut gegossen werden. In kaltem Essig behält Gemüse seine Festigkeit, heißer Essig macht es weicher und wird daher gern für feste Gemüsesorten verwendet. Zum Aufbewahren eignen sich Schraubgläser, in denen die Speisen bis zu einem Jahr haltbar sind; länger kann das Gemüse aufbewahrt werden, wenn der Essiglösung Salz oder Zucker zugefügt wird. Keinesfalls sollten Gefäße aus Messing, Kupfer oder Aluminium verwendet werden, da die Essigsäure diese angreifen kann. Sehr gut schmecken eingelegte Gurken, Pilze oder Paprika. Eine bekannte und beliebte Beilage für Fleischgerichte sind Mixed Pickles, verschiedene eingelegte Gemüsesorten, meistens Blumenkohl, Paprika, Gurken, Perlzwiebeln sowie Zwiebeln. Auch Obst kann in einer Essig-Zucker-Lösung konserviert werden. Süßsaure Essigfrüchte sind ein wenig in Vergessenheit geraten, sie schmecken aber besonders delikat zu Fleischgerichten.

Einlegen in Öl

Im Mittelmeerraum ist das Einlegen in Öl eine der ältesten Methoden zum Konservieren von Gemüse. Kalt gepresstes mildes Olivenöl, Pflanzen- oder Walnussöl wird über das Einleggut gegossen, sodass dieses vollständig mit Öl bedeckt ist. Hierdurch ist es vor Luft geschützt, außerdem wird das Wachsen von Mikroorganismen verhindert. Aromatisiert wird das Gemüse durch die Zugabe von Kräutern. Auch für das Einlegen in Öl eignen sich Schraubgläser, in denen die Speisen vor dem Verzehr einige Zeit ziehen sollten. Sehr beliebt sind in Öl eingelegte Knoblauchzehen, Ziegen- oder Schafskäse sowie Zucchini.

Konfitüre, Marmelade und Gelee

Was im allgemeinen Sprachgebrauch als Marmelade bezeichnet wird, ist nach der EU-Konfitüren-Verordnung eigentlich Konfitüre. Danach werden Marmeladen aus Zitrusfrüchten hergestellt, Konfitüren aus einer oder mehreren verschiedenen Obstsorten. Hier unterscheidet man wiederum „Konfitüre extra" mit höherem Fruchtgehalt, die aus Früchten hergestellt wird und in der Fruchtstücke sichtbar sind, und „Konfitüre einfach" mit niedrigerem Fruchtgehalt, die aus Früchten oder Fruchtmark erzeugt wird. Gelee stellt man aus Fruchtsaft her. Auch hier unterscheidet man je nach Höhe des Fruchtanteils „Gelee einfach" und „Gelee extra". Für die Zubereitung von Gelee kann gekaufter Fruchtsaft ohne Zuckerzusatz oder aus frischen Früchten selbst zubereiteter Saft verwendet werden. Damit aus Obst Konfitüre oder Marmelade wird, werden die Früchte so lange gekocht, bis sie eingedickt sind. Verantwortlich für das Eindicken ist das in den Früchten enthaltene Pektin, das in Verbindung mit Zucker und Säure geliert. Früher musste das Obst mit Haushaltszucker sehr lange gekocht werden, bis es die richtige Konsistenz hatte, wodurch zudem viele Vitamine verloren gingen. Heute sind verschiedene Gelierhilfen auf dem Markt, mit denen die Konfitüre schneller eindickt und somit die Kochzeit wesentlich verkürzt wird. Meist wird zum Einmachen Gelierzucker verwendet, eine Mischung aus Zucker, Zitronensäure und natürlichem Pektin. Die Faustregel für das Einmachen von Konfitüre lautet in jedem Fall: Auf 1 Teil Früchte kommt 1 Teil Zucker, was auch für den Gelierzucker 1:1 gilt. Fruchtiger und weniger süß wird der Brotaufstrich mit Gelierzucker 2:1 oder auch 3:1, also 1 Teil Zucker auf 2 bzw. 3 Teile Früchte.

Allerdings ist dann die Konfitüre aufgrund des geringeren Zuckeranteils auch nicht so lange haltbar. In Verbindung mit Haushaltszucker können aber auch andere Geliermittel verwendet werden: Gelierpulver, das aus Pektin,Traubenzucker und Fruchtsäure besteht, flüssiges Geliermittel aus Apfelpektin in aufgelöster Form, aber auch Johannisbrotkernmehl und Agar-Agar eignen sich zum Herstellen von Konfitüren. Ob die Fruchtmasse dann die gewünschte Konsistenz besitzt, zeigt die Gelierprobe: Dafür wird ein kleiner Löffel der gekochten Früchte auf einen Teller gegeben. Bildet die Fruchtmasse eine feine Haut und verläuft sie nicht beim Schräghalten des Tellers, ist die Konfitüre fertig.

Kompott und Mus

Kompott lässt sich aus einer Vielzahl von Früchten zubereiten – gern werden Äpfel, Pflaumen, Birnen, Aprikosen, Stachelbeeren, Kirschen oder Rhabarber verwendet; die verschiedenen Obstsorten können auch ganz nach Geschmack miteinander kombiniert werden. Die Früchte werden mit Wasser, Zucker und nach Belieben mit Gewürzen wie Zimt oder Gewürznelken weich gekocht und zusammen mit der Flüssigkeit kalt als Nachtisch serviert. Soll das Kompott länger aufbewahrt werden, kann es heiß in Schraubgläser eingefüllt werden oder man kocht die Zutaten direkt in Einweckgläsern ein.

Zu einem Mus lassen sich Gemüsesorten wie Kürbisse und Tomaten verarbeiten, Fruchtmus wird meist aus Äpfeln, Pflaumen oder Birnen hergestellt. Damit das Mus eine breiige Konsistenz erhält, werden die Zutaten weich gekocht und anschließend püriert oder durch ein Sieb gestrichen. Langwieriger ist die Zubereitung von Pflaumenmus: Bis die Pflaumen die richtige Konsistenz haben, müssen sie mehrere Stunden gekocht und immer wieder gerührt werden. Einfacher ist die Zubereitung im Backofen, in dem die Früchte im Bräter mehrere Stunden gegart werden. Mus aus Früchten wird gern als

Beilage zu Gerichten wie Pfannkuchen oder Kartoffelpuffern, aber auch pur als Nachspeise verzehrt, Gemüsemus passt sehr gut zu Fleischgerichten oder wird als Brotaufstrich gegessen.

Chutneys und Relishes

Immer beliebter werden Chutneys und Relishes, Würzsoßen, die mit ihrem süßsauren, sehr aromatischen Geschmack auch einfachen Gerichten eine exotische Note geben. Die unterschiedlichsten Kombinationen von Früchten, Gemüse und Gewürzen sind möglich, sodass man sich seine individuellen Soßen zusammenstellen kann, von mild-süßlich bis zu brennend scharf.

Liköre

Liköre sind alkoholische Getränke, welche aus Spirituosen durch Zugabe von Zucker und Früchten, Kräutern oder anderen aromatischen Zusätzen gewonnen werden. Zum Süßen können je nach Wunsch auch Honig, Glukose oder Kandiszucker verwendet werden. Grundlage für diese sogenannten Aufgesetzten sind meist Kornbrand oder Weingeist, aber auch Rum oder Wodka. Der Alkoholgehalt von Likören kann zwischen 15 und 55 Vol.-% betragen, der Zuckeranteil darf nicht geringer als 100 g pro Liter sein. Für die Herstellung von Likör können neben fast allen Kräutern die unterschiedlichsten Obstsorten mit Alkohol angesetzt werden: Erdbeeren, Pflaumen, Himbeeren, Pfirsiche, Hagebutten oder Holunderbeeren. Diese werden in einen Glasbehälter oder einen Steinguttopf gegeben, mit Alkohol übergossen und verschlossen. Die verschiedenen Zusätze können dabei beliebig kombiniert und zusätzlich mit Gewürzen verfeinert werden. 4 bis 8 Wochen dauert es, bis das Aroma der Zutaten sich entfaltet hat. Liköre, v. a. aus Früchten gewonnene, sollte man zum Dessert genießen. Sie bilden aber darüber hinaus die Grundlage verschiedenster Longdrinks.

Fruchtsäfte

Selbst hergestellte Fruchtsäfte schmecken nicht nur gut, sie sind außerdem eine gesunde Alternative zu gekauften süßen Getränken und man hat die Gewissheit, dass sie frei von Zusatzstoffen sind. Sie sind zudem eine ausgezeichnete Möglichkeit, sich auf bekömmliche Art mit Vitaminen zu versorgen, und auch für die Zubereitung von Gelees können zuckerfreie, selbst gemachte Säfte verwendet werden. Für die Herstellung von Säften eignet sich insbesondere saftreiches Obst wie Zitrusfrüchte, Kirschen und Beeren. Dabei stehen verschiedene Methoden der Saftgewinnung zur Verfügung. Während man den Saft aus frischen Zitrusfrüchten durch einfaches Auspressen erhält, bietet sich bei Beeren und Steinobst der elektrische Entsafter an: Beim Roh- oder Kaltentsaften werden die frischen Früchte in einem elektrischen Entsafter verarbeitet, die wertvollen Inhaltsstoffe bleiben dabei weitgehend erhalten. Auf diese Art kann man jederzeit einen selbst gemachten gesunden Saft genießen oder sehr schnell Saft für die Zubereitung von Gelee gewinnen. Allerdings enthalten die so hergestellten Säfte je nach Art des Obstes noch relativ viel Fruchtfleisch. Diese Fruchtsäfte sind ungefähr 3 Monate haltbar, bis zu 6 Monate können sie aber aufbewahrt werden, wenn sie mit Zucker erwärmt oder in Flaschen abgefüllt im Wasserbad erhitzt werden.

Auch bei dieser Methode der Saftgewinnung bleiben viele Vitamine erhalten. Beeren oder klein geschnittenes Steinobst lassen sich in einem Dampfentsafter unter Zugabe von Zucker, aber auch ungezuckert, schnell zu Saft verarbeiten. Der Dampfentsafter besteht aus drei Teilen: Den oberen Teil

bildet ein Sieb, in welches das Obst eingefüllt wird, in den unteren Teil kommt Wasser. Beim Erhitzen steigt der Wasserdampf auf und erhitzt die Früchte, die aufplatzen und ihren Saft abgeben. Dieser Fruchtsaft wird im mittleren Behälter aufgefangen. Über einen Abzapfhahn kann der Saft von hier aus direkt in Flaschen abgefüllt werden, in welchen er 6 bis 12 Monate haltbar ist.
Langwieriger ist die traditionelle Methode des Entsaftens. Hierbei werden die Früchte weich gekocht und anschließend in ein Tuch gegeben, aus dem der Saft in einen Behälter abtropfen kann. Die Flüssigkeit wird anschließend erneut aufgekocht und in Flaschen abgefüllt. In jedem Fall sollte der Saft langsam auskühlen und danach kühl und trocken gelagert werden.

Abkürzungen

cl	= Zentiliter
cm	= Zentimeter
EL	= Esslöffel
g	= Gramm
kg	= Kilogramm
l	= Liter
ml	= Milliliter
mm	= Millimeter
Msp.	= Messerspitze
TL	= Teelöffel

Marmelade, Konfitüre & Gelee

Apfel-Birnen-Fruchtgenuss

ZUTATEN

650 g Äpfel, 650 g Birnen, Saft und abgeriebene Schale von 1 unbehandelten Zitrone, 500 g Gelierzucker 3:1, 5 Sternanis, 4 cl Mandellikör

ZUBEREITUNG

Äpfel und Birnen schälen, halbieren, Kerngehäuse entfernen und Fruchtfleisch in kleine Würfel schneiden. Obst mit Zitronensaft und -schale, Gelierzucker und Sternanis in einem großen Topf verrühren, auf großer Flamme aufkochen und unter Rühren mindestens 3 Minuten sprudelnd kochen lassen, Anis entfernen. Likör unterrühren. Die Konfitüre in vorbereitete Gläser füllen, verschließen und für ca. 5 Minuten auf den Deckel stellen. Ergibt 4 Gläser à 300 g.

Apfel-Rosinen-Konfitüre

ZUTATEN

1 kg Äpfel (säuerliche Sorte), Saft von 1 Zitrone, 100 g Rosinen, 1 kg Gelierzucker, 1/8 l Cidre, 4 cl Apfelschnaps oder Himbeerlikör

ZUBEREITUNG

Die Äpfel schälen, vom Kernhaus befreien und klein würfeln. Mit dem Saft von 1 Zitrone beträufeln. Gelierzucker, Cidre und Rosinen beimischen. Alles in einen flachen Topf geben und unter Rühren aufkochen. Das Ganze etwa 4 Minuten köcheln. Zum Schluss den Apfelschnaps oder Himbeerlikör einrühren. Wie gewohnt sofort in Gläser abfüllen. Nach Belieben die Deckel mit Alkohol ausschwenken.

Ananaskonfitüre

ZUTATEN

1 kg frische Ananas, 1 kg Gelierzucker, 4 cl Orangenlikör

ZUBEREITUNG

Die Ananas von der Schale und dem Strunk befreien. In grobe Stücke schneiden und im Mixer grob pürieren. Das pürierte Fruchtfleisch zusammen mit dem Zucker in einen flachen, größeren Topf geben. Unter ständigem Rühren zum Kochen bringen. Etwa 4 Minuten offen sprudelnd kochen lassen. Vom Herd ziehen und den Likör einrühren. In vorbereitete Gläser abfüllen.

Aprikosen-Erdbeer-Konfitüre

ZUTATEN

350 g Erdbeeren, 650 g Aprikosen, Saft von 1 Zitrone, 500 g Gelierzucker 2:1

ZUBEREITUNG

Die Erdbeeren waschen, putzen und klein schneiden. Die Aprikosen brühen, abschrecken, häuten, halbieren, entsteinen und ebenfalls klein schneiden. Das Obst mit dem Zitronensaft und dem Zucker mischen, in einem Topf zum Kochen bringen und 4 Minuten sprudelnd kochen lassen. Dann in gut ausgespülte Gläser füllen, diese fest verschließen und auskühlen lassen.

Aprikosenkonfitüre

ZUTATEN

1,2 kg Aprikosen, 1 unbehandelte Zitrone, 500 g Gelierzucker 2:1, 4 cl Rum

ZUBEREITUNG

Die Aprikosen überbrühen, abschrecken, häuten, halbieren, entsteinen und in kleine Stücke schneiden. Die Zitrone heiß abwaschen und die Schale abreiben. Den Saft auspressen. Beides mit den Aprikosen und dem Gelierzucker in einem großen Topf mischen. Etwa 30 Minuten durchziehen lassen, damit sich etwas Saft bildet.
Anschließend unter Rühren aufkochen und ca. 4 Minuten sprudelnd kochen lassen. Den Rum zufügen und eine Gelierprobe machen.
Die Konfitüre randvoll in vorbereitete Gläser füllen und sofort verschließen. Auskühlen lassen.

Aprikosenkonfitüre mit Melisse

ZUTATEN

1,2 kg Aprikosen, 1 kg Gelierzucker 1:1, ½ Topf Zitronenmelisse, 1 unbehandelte Limette, 40 ml Aprikosengeist

ZUBEREITUNG

Aprikosen waschen und entsteinen. 1 kg Früchte klein schneiden und mit Gelierzucker in einem großen Topf mischen. Melisseblättchen abzupfen und fein hacken. Limette heiß abspülen, die Schale mit dem Zestenreißer in dünne Streifen schneiden und zu den Aprikosen geben. Masse zum Kochen bringen und 4 Minuten unter Rühren sprudelnd kochen lassen. Vom Herd nehmen und gehackte Melisse und Aprikosengeist unterrühren. Konfitüre sofort in heiß ausgespülte Gläser füllen, fest verschließen und 5 Minuten auf den Deckel gewendet stehen lassen. Beim Erkalten mehrmals wenden, damit sich die Melisse im Glas verteilt. Ergibt 7 Gläser à 230 g.

Bananenkonfitüre mit Orangensaft

ZUTATEN

¾ kg Bananen, ½ l frisch gepresster Orangensaft, ¾ kg Gelierzucker extra, 5 cl grüner Bananenlikör

ZUBEREITUNG

Die Bananen schälen und mit einer Gabel zermusen. Mit frischem Orangensaft vermischen. Zum Kochen aufstellen, aber dabei ständig umrühren. Gelierzucker einrieseln lassen. Das Ganze etwa knappe 4 Minuten köcheln. In vorbereitete Gläser abfüllen und nach Belieben die Deckel mit Bananenlikör ausschwenken. Sie können aber auch die vom Herd gezogene Konfitüre mit Bananenlikör anreichern.

Birnenkonfitüre mit Weißwein

ZUTATEN

1 kg Birnen, ⅛ l Weißwein, 1 kg Gelierzucker, 1 EL Zitronensaft, ¼ TL Zimtpulver, 4 cl Birnengeist

ZUBEREITUNG

Geschälte und entkernte Birnen in Stückchen schneiden und mit Weißwein weich kochen. Abkühlen lassen und mit Gelierzucker, Zitronensaft und Zimt unter Rühren zum Kochen bringen. 4 Minuten sprudelnd kochen lassen. Birnengeist unterrühren. Konfitüre heiß in Gläser füllen und sofort verschließen.

Blaubeerkonfitüre

ZUTATEN

1 kg Blaubeeren, 1 kg Gelierzucker 1:1, Saft von 1 unbehandelten Zitrone, 4 cl Orangenlikör

ZUBEREITUNG

Die Blaubeeren waschen und verlesen. Mit dem Gelierzucker, Zitronensaft und Likör in einem Topf gut vermengen und etwa 1 Stunde ziehen lassen. Anschließend aufkochen und 4 Minuten sprudelnd kochen lassen. Falls nötig, Schaum abschöpfen und eine Gelierprobe durchführen. Den Topf vom Herd ziehen und die Konfitüre sofort in heiß ausgespülte Gläser füllen, fest verschließen und auskühlen lassen.

Blaubeer-Zitronengras-Konfitüre

ZUTATEN

600 g TK-Blaubeeren, 300 g Gelierzucker 2:1, 1 Apfel, 1 Stiel Zitronengras, 2 Päckchen Zitronensäure

ZUBEREITUNG

Blaubeeren in einen Topf geben und mit dem Gelierzucker vermengen. Die Zucker-Frucht-Mischung abdecken und auftauen lassen. 3 Twist-off-Gläser gründlich reinigen und austrocknen lassen. Apfel vierteln, schälen und das Kernhaus entfernen. Das Fruchtfleisch klein würfeln. Den Zitronengrasstiel einmal quer halbieren. Apfel und Zitronengras zu den aufgetauten Blaubeeren geben. Das Ganze unter ständigem Rühren zum Kochen bringen und 3 Minuten auf höchster Stufe kochen lassen. Zitronensäure unterrühren und die Zitronengrasstücke aus der Konfitüre nehmen. Den Schaum entfernen. Die sauberen Gläser bis zum Rand mit Konfitüre füllen. Dann fest verschließen und 10 Minuten umgedreht aufstellen.

Brombeerkonfitüre

ZUTATEN

1 kg Brombeeren, 1 kg Gelierzucker, Saft und Schale von 1 unbehandelten Zitrone

ZUBEREITUNG

Brombeeren waschen, putzen, mit Zucker vermischen und über Nacht ziehen lassen. Zitronensaft und -schale zu den Beeren geben, kurz aufkochen lassen und die Schale entfernen. Konfitüre in vorbereitete Gläser füllen, fest verschließen und 5 Minuten auf den Deckel stellen.

Brombeerkonfitüre mit Äpfeln

ZUTATEN

1 kg frische Brombeeren, ½ kg säuerliche Äpfel, Saft und fein abgeriebene Schale von 1 unbehandelten Zitrone, 5 cl Sherry, 1½ kg Gelierzucker

ZUBEREITUNG

Die Brombeeren entstielen, verlesen, waschen und abtrocknen. Die Äpfel schälen, entkernen und in kleine Stücke schneiden. Beide Fruchtsorten miteinander vermengen und mit Sherry, Zitronensaft und -schale parfümieren. Etwa ½ Stunde ziehen lassen. Die Fruchtmischung in einen Kochtopf füllen, Gelierzucker beigeben und zum Kochen bringen. Das Ganze etwa 4 Minuten köcheln. Das Rühren nicht vergessen, sonst brennt die Mischung an! Die Konfitüre sofort in Gläser füllen.

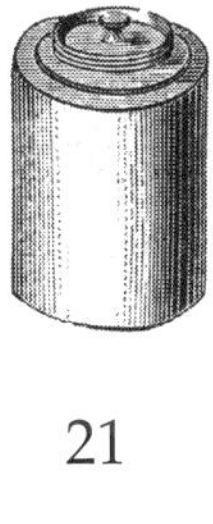

Dreifarbige Konfitüre

ZUTATEN

600 g Schwarze Johannisbeeren, 1½ kg Gelierzucker, 9 EL Zitronensaft, 3 EL Cassislikör, 600 g Aprikosen, 3 EL weißer Rum, 550 g Himbeeren, 3 EL Himbeergeist

ZUBEREITUNG

Die Beeren abwiegen und mit 500 g Gelierzucker, 3 EL Zitronensaft und Cassislikör in einem Topf vermischen. Alles zugedeckt 1 Stunde ziehen lassen. Aprikosen waschen, halbieren, entsteinen und in kleine Stücke schneiden. 500 g davon abwiegen. Aprikosenstücke mit 500 g Gelierzucker, 3 EL Zitronensaft und dem Rum mischen. Alles zugedeckt ca. 2 Stunden ziehen lassen. Himbeeren vorsichtig waschen, abtropfen lassen und verlesen. 500 g Beeren abwiegen. Diese mit restlichem Gelierzucker, restlichem Zitronensaft und Himbeergeist verrühren. Mischung zugedeckt ca. 3 Stunden ziehen lassen. 5–6 Gläser (à 450 ml) und Deckel mit heißem Wasser ausspülen. Die Johannisbeermischung 2–3 Minuten sprudelnd kochen. Konfitüre auf die Gläser verteilen, dabei die Gläser nur zu $^{1}/_{3}$ füllen. Konfitüre abkühlen und fest werden lassen. Aprikosenmischung 2–3 Minuten sprudelnd kochen, auf die Johannisbeerschicht füllen und abkühlen lassen. Anschließend die Himbeermischung 2–3 Minuten sprudelnd aufkochen und auf der Aprikosenschicht verteilen. Gläser gut verschließen, auf die Deckel stellen und Konfitüre abkühlen lassen.

Ebereschenkonfitüre

ZUTATEN

1 kg Ebereschenbeeren, 500 g Gelierzucker 2:1, Saft und Abrieb von 1 unbehandelten Zitrone

ZUBEREITUNG

Die Ebereschenbeeren waschen und mit 150 ml Wasser in einem Topf 20 Minuten bei mittlerer Hitze köcheln lassen. Den Zucker, Zitronensaft und Zitronenabrieb zugeben, untermischen und weitere 5 Minuten köcheln lassen. Dann in gut ausgespülte Gläser füllen, fest verschließen und auskühlen lassen.

Erdbeerkonfitüre

ZUTATEN

500 g reife Erdbeeren, 2 EL Zitronensaft, 250 g Gelierzucker 2:1

ZUBEREITUNG

Erdbeeren verlesen, kurz kalt abbrausen und in einem Küchensieb abtropfen lassen. Die Blättchen entfernen und Erdbeeren halbieren oder vierteln. Erdbeeren mit einer Gabel oder einem Kartoffelstampfer zerdrücken. Mit Zitronensaft und Gelierzucker in einen großen Topf geben und vermengen. Deckel auflegen und das Ganze mindestens 1 Stunde Saft ziehen lassen.

2 Einmachgläser mit Bügelverschluss gründlich mit heißem Wasser reinigen und abtropfen lassen. In der Zwischenzeit die Fruchtmasse bei starker Hitze unter ständigem Rühren aufkochen und 3 Minuten sprudelnd kochen lassen. Die Gelierprobe machen und die Konfitüre abschäumen. Die Erdbeerkonfitüre sofort randvoll in die vorbereiteten Gläser füllen und fest verschließen. Gläser 5 Minuten auf den Deckel stellen, dann umdrehen und abkühlen lassen. An einem trockenen Ort kühl und dunkel lagern.

Erdbeer-Melonen-Konfitüre

ZUTATEN

750 g Erdbeeren, 500 g Zuckermelonen (beides geputzt und gewogen), 750 g Gelierzucker 2:1, 1 Päckchen Zitronensäure

ZUBEREITUNG

Erdbeeren und Melonen putzen und beide Obstsorten klein schneiden. Mit Gelierzucker sowie Zitronensäure in einem großen Topf gut vermengen und unter ständigem Rühren zum Kochen bringen. Dabei genau 3 Minuten auf höchster Stufe kochen lassen, dann vom Herd nehmen und nach Bedarf den Schaum abtragen. Konfitüre bis zum Rand in vorher gründlich gesäuberte und trockene Gläser füllen und fest verschließen. Umdrehen und ca. 7 Minuten stehen lassen.

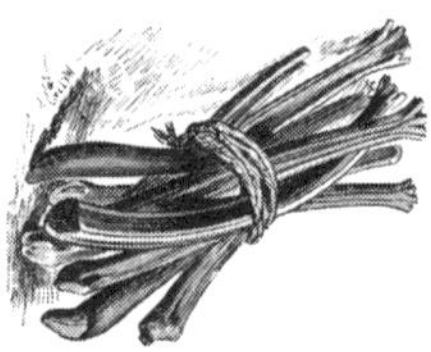

Erdbeer-Rhabarber-Konfitüre mit Rum

ZUTATEN

600 g Erdbeeren, 400 g Rhabarber (beides geputzt gewogen), Saft und abgeriebene Schale von 1 unbehandelten Limette, 1 kg Gelierzucker, ca. 50 ml Rum

ZUBEREITUNG

Erdbeeren und Rhabarber (evtl. schälen) klein würfeln und mit Limettensaft und -schale sowie Gelierzucker in einem großen Topf gut mischen. Unter gelegentlichem Rühren zum Kochen bringen, 4 Minuten unter Rühren sprudelnd kochen lassen, dann evtl. abschäumen. Sofort in heiß ausgespülte Gläser füllen, je 1–2 TL Rum darauf verteilen und fest verschließen.

Hagebutten-Apfel-Konfitüre

ZUTATEN

800 g Hagebutten, 500 g Äpfel, 1 unbehandelte Orange, 500 g Gelierzucker 2:1

ZUBEREITUNG

Hagebutten waschen, Stiele und Blütenansätze entfernen. Früchte halbieren, Kerne mit einem spitzen Messer herauskratzen und nochmals waschen. Mit ½ l Wasser bedeckt 20 Minuten weich kochen. Hagebutten durch ein Sieb streichen und 500 g Fruchtmark abwiegen. Äpfel schälen, die Kerngehäuse entfernen und Fruchtfleisch in Würfel schneiden. Orangenschale auf einer feinen Küchenreibe abreiben. Orange auspressen. Apfelstücke zum Fruchtmark geben, Masse mit Orangensaft und -schale sowie Gelierzucker vermischen. Unter Rühren zum Kochen bringen. 3 Minuten sprudelnd kochen lassen, noch heiß in vorbereitete Gläser füllen und anschließend sofort verschließen.

Holunderkonfitüre mit Äpfeln

ZUTATEN

1 kg Holunderbeeren, ½ kg Äpfel, Saft von 1 Zitrone, 2 kg Zucker, 1 Flasche flüssiges Geliermittel, nach Belieben 5 cl Holunderschnaps

ZUBEREITUNG

Die Holunderbeeren verlesen, abzupfen, waschen und abtrocknen. Die Äpfel schälen, vom Kernhaus befreien und klein würfeln. Beide Fruchtsorten in einem flachen Topf vermischen und mit Zitronensaft beträufeln. Einige Minuten durchziehen lassen. Zucker einrühren und alles zum Kochen aufstellen. Nach dem ersten Aufkochen das flüssige Geliermittel einrühren. Einige Minuten leise köcheln lassen. Vom Herd ziehen und in Gläser abfüllen. Den Holunderschnaps vor dem Abfüllen in die Konfitüre einrühren oder die Deckel ausschwenken.

Ingwer-Apfel-Aufstrich

ZUTATEN

150 g frische Ingwerwurzel, 3 unbehandelte Zitronen, 1 unbehandelte Orange, 1,4 kg Kochäpfel, 600 ml Apfelsaft, 1 kg Zucker

ZUBEREITUNG

Ingwer schälen und in grobe Stücke schneiden. Zitronen und Orange heiß waschen, dann auch grob schneiden. Äpfel waschen, vierteln und die Kernhäuser entfernen. Die vorbereiteten Zutaten in einer Rührschüssel mit dem Pürierstab zerkleinern oder alles mit einem Messer klein schneiden. Dann das Ganze in einen großen Topf füllen und 600 ml Wasser angießen. Aufkochen und anschließend die Temperatur reduzieren. Bedecken und das Ganze ca. 1 Stunde auf kleiner Stufe köcheln lassen. Anschließend die Apfelmischung durch ein Sieb streichen. Dann den Topf säubern und die Masse wieder hineingeben. Apfelsaft hinzugießen und Zucker einrieseln lassen. Alles erhitzen und so lange rühren, bis sich der Zucker vollständig aufgelöst hat. Aufkochen, Hitze ein wenig reduzieren, sodass die Apfelmischung stetig sprudelt. Ca. 20 Minuten kochen lassen. Dabei hin und wieder umrühren, damit sich der Aufstrich nicht ansetzt. In der Zwischenzeit 6 Twist-off-Gläser gründlich reinigen und austrocknen lassen. Aufstrich in die gereinigten und trockenen Gläser füllen. Diese sofort fest verschließen, auf den Kopf stellen und auskühlen lassen.

Ingwerkonfitüre

ZUTATEN

500 g frische Ingwerwurzel, Saft von 1 Zitrone, 1 l trockener Weißwein, 2 Vanilleschoten, 1 kg Gelierzucker, 4 cl Cognac

ZUBEREITUNG

Ingwerwurzel waschen und mit einem Sparschäler schälen. Schalen beiseitelegen. Die Wurzel in einer Schüssel von allen Seiten mit dem Zitronensaft beträufeln, mit Folie abdecken und beiseitestellen. Ingwerschalen mit dem Wein aufkochen und 30 Minuten zugedeckt auf mittlerer Stufe köcheln lassen. Die Schalen ca. 12 Stunden im Wein ziehen lassen. Nach Ende der Ziehzeit die Ingwer-Wein-Mischung durch ein Sieb gießen und dabei den Wein auffangen. Ausgekochte Ingwerwurzel grob schneiden und im Blitzhacker fein zerkleinern. Vanilleschoten längs aufschlitzen, Mark herauskratzen und Schoten halbieren. Zerkleinerten Ingwer mit Vanillemark und Vanilleschoten in den Weinsud geben und aufkochen. Das Ganze zugedeckt auf mittlerer Stufe 15 Minuten kochen lassen. Von dem Ingwersud 1 kg abwiegen. Bei Bedarf mit Wasser auffüllen. Gelierzucker einrieseln lassen und die Konfitüre unter gelegentlichem Rühren in ca. 5 Minuten einkochen lassen. Inzwischen 7 fest verschließbare Gläser mit Schraubverschluss gründlich reinigen und trocknen lassen. Den Cognac in die Konfitüre geben und umrühren. Die Gelierprobe machen und die noch heiße Konfitüre in die gereinigten Gläser füllen. Diese sofort fest verschließen und umdrehen. Nach ca. 5 Minuten wieder wenden und dunkel und kühl aufbewahren.

Kalt gerührte Himbeer-Aprikosen-Konfitüre

ZUTATEN

200 g Aprikosen, 300 g Himbeeren, 1 Vanilleschote, 500 g Gelierzucker, 2 EL Aprikosenlikör

ZUBEREITUNG

Aprikosen mit kochendem Wasser überbrühen, häuten und entsteinen. Fruchtfleisch in kleine Stücke schneiden. Himbeeren waschen und verlesen. Vanilleschote der Länge nach aufschlitzen und Mark mit einem spitzem Messer herauskratzen. Gelierzucker, Vanillemark und Früchte in eine Schüssel füllen und vermischen. Konfitüre mit dem Schneebesen des Handrührgerätes 3-mal ca. 5 Minuten durchrühren. Aprikosenlikör dazugeben und unterrühren. Kalt gerührte Himbeer-Aprikosen-Konfitüre in saubere Gläser füllen und gut verschließen. Ergibt 4 Gläser à 250 g.

Kalt gerührte Pfirsichkonfitüre

ZUTATEN

600 g Pfirsiche, Saft von 1 Zitrone, 500 g Gelierzucker, 200 g Johannisbeeren

ZUBEREITUNG

Pfirsiche mit kochendem Wasser überbrühen, häuten und entsteinen. Fruchtfleisch in kleine Stücke schneiden und mit Zitronensaft und Gelierzucker verrühren. Konfitüre mit dem Schneebesen des Handrührgerätes dreimal ca. 5 Minuten rühren. Johannisbeeren waschen, abzupfen und unter die Konfitüre rühren. Pfirsichkonfitüre in Gläser füllen und dann gut verschließen.

Kirschkonfitüre mit Rotwein

ZUTATEN

1 kg Süßkirschen, 500 g Gelierzucker 2:1, $^{1}/_{8}$ l Rotwein, 4 Zimtstangen, 1 Lorbeerblatt, 2 Gewürznelken, Saft von 1 Zitrone

Zubereitung

Kirschen waschen, entsteinen und 875 g gut zerkleinern. Mit Gelierzucker, Rotwein, Gewürzen und Zitronensaft vermischen und unter Rühren zum Kochen bringen. 3 Minuten sprudelnd kochen lassen. Zimtstangen und Gewürznelken entfernen. Heiß in Gläser füllen und sofort verschließen.

Kirsch-Walnuss-Konfitüre

Zutaten

1 unbehandelte Orange, 100 g Walnusskerne, ca. 1 kg Sauerkirschen, 200 ml Holundersaft, 500 g Gelierzucker 2:1, 2–3 Stiele Lavendelblüten (unbehandelt) oder 2–3 TL getrocknete Lavendelblüten

Zubereitung

Orange mit heißem Wasser abspülen, Schale fein abreiben und Frucht auspressen. Walnüsse in einer beschichteten Pfanne rösten, bis sie zu duften beginnen. Abkühlen lassen. Sauerkirschen waschen und entsteinen. 850 g Kirschfruchtfleisch abwiegen und in einen großen Topf geben. Dann mit dem Passierstab grob pürieren. Anschließend Orangensaft und -schale, Nüsse, Holundersaft sowie den Gelierzucker untermischen. Lavendelblüten von den Stielen zupfen, zugeben und die Masse zum Kochen bringen. 5 Minuten unter Rühren sprudelnd kochen lassen, dann sofort randvoll in heiß ausgespülte Gläser füllen. Die Gläser fest verschließen und 5 Minuten auf den Deckel gewendet stehen lassen. Ergibt 6 Gläser à 230 g.

Kiwi-Apfel-Konfitüre

ZUTATEN

520 g säuerliche Äpfel, 520 g Kiwis, 500 g Gelierzucker 2:1, 2 EL Calvados

ZUBEREITUNG

Äpfel waschen, in Viertel schneiden und die Kernhäuser entfernen. In einen Topf geben, 1 Tasse Wasser dazugießen und das Ganze erhitzen, bis die Äpfel weich sind. Anschließend die Masse durch ein Sieb drücken. Kiwis halbieren, das Fruchtfleisch herauslöffeln, die weißen Strünke entfernen und klein schneiden. Zu den Äpfeln geben. 1 kg Fruchtmasse abwiegen. Das Ganze in einen Topf geben und mit Gelierzucker vermengen. Abgedeckt 3 Stunden ziehen lassen. 4 fest verschließbare Gläser gründlich reinigen und austrocknen lassen. Nach Ende der Ziehzeit das Fruchtmus unter ständigem Rühren aufkochen und 3 Minuten auf höchster Stufe kochen lassen. Die Konfitüre mit Calvados vermengen und die Gelierprobe machen. Den Schaum von der Konfitüre entfernen und diese bis zum Rand in die gereinigten Gläser füllen. Gläser rasch fest verschließen und umdrehen.

Kürbiskonfitüre mit Äpfeln

ZUTATEN

1 kg Kürbis, ½ kg Äpfel, 1½ kg Zucker, Saft von 1 Zitrone, 20 g Gelierhilfe

ZUBEREITUNG

Den Kürbis schälen, entkernen und grob schneiden. Die Äpfel ebenfalls schälen, vom Kernhaus befreien und passend zum Kürbis schneiden. Alles in einen Küchenmixer geben und pürieren. Mit Zucker und Zitronensaft in einem Topf vermischen. Zum Kochen bringen und unter fortwährendem Rühren einige Male aufpuffen lassen. Die Gelierhilfe beim ersten Aufkochen einrühren. Sofort in bereitgestellte Gläser einfüllen.

Mirabellen-Weintrauben-Konfitüre

ZUTATEN

600 g Mirabellen, 350 g kernlose grüne Weintrauben, 200 ml Weißwein, 5 g Zitronensäure, 500 g Zucker, 1 Beutel Gelierfix extra

ZUBEREITUNG

Mirabellen waschen, halbieren, Kerne herauslösen und 500 g Fruchtfleisch abwiegen. Weintrauben waschen, abtropfen lassen, vom Stiel pflücken, halbieren und 300 g davon abwiegen. Früchte, Weißwein und Zitronensäure in einen Topf füllen. Zucker mit Gelierfix vermischen und mit der Fruchtmasse verrühren. Alles unter Rühren bei starker Hitze zum Kochen bringen, mindestens 3 Minuten unter ständigem Rühren sprudelnd kochen lassen und von der Kochstelle nehmen. Konfitüre evtl. abschäumen, randvoll in vorbereitete Gläser füllen, verschließen, umdrehen und ca. 5 Minuten auf dem Deckel stehen lassen.

Nektarinenkonfitüre

ZUTATEN

1 kg Nektarinen, 1 kg Gelierzucker 1:1, 6 cl Orangenlikör, Saft und Abrieb von 1 unbehandelten Orange

ZUBEREITUNG

Die Nektarinen am unteren Ende kreuzweise einschneiden, kurz in kochendes Wasser tauchen, dann in eiskaltes Wasser geben und die Haut abziehen. Die Früchte halbieren, entsteinen und in sehr kleine Stücke schneiden. In einem Topf mit

Gelierzucker zum Kochen bringen und 4 Minuten sprudelnd kochen. Likör, Orangensaft und -schale unterrühren und sofort heiß in die Gläser füllen. Auf den Deckel stellen und auskühlen lassen.

Pflaumenkonfitüre

ZUTATEN

1 kg Pflaumen, Abrieb von 1 unbehandelten Zitrone, 1 Zimtstange, 2 Gewürznelken, ½ Vanilleschote, 500 g Gelierzucker 2:1

ZUBEREITUNG

Die Pflaumen waschen, halbieren, entsteinen und in Spalten schneiden. Mit dem Zitronenabrieb, Zimt, Nelken, Vanille und Zucker mischen und 2 Stunden ziehen lassen. Dann in einem Topf aufkochen und ca. 4 Minuten sprudelnd kochen lassen. Die Gewürze entfernen und die Konfitüre in gut ausgespülte Gläser füllen. Anschließend fest verschließen und auskühlen lassen.

Preiselbeerkonfitüre

ZUTATEN

600 g Preiselbeeren, 200 g Brombeeren, 200 g Himbeeren, 500 g Gelierzucker 2:1

ZUBEREITUNG

Die Preiselbeeren und Brombeeren waschen, verlesen und gut abtropfen lassen. Die Himbeeren putzen, mit den restlichen Beeren und dem Zucker mischen und 2 Stunden ziehen lassen. Dann alles in einem Topf erhitzen und ca. 4 Minuten sprudelnd kochen lassen. Gelierprobe machen und die Konfitüre in gut ausgespülte Einmachgläser füllen. Verschließen und auskühlen lassen.

Quitten-Kastanien-Konfitüre

ZUTATEN

500 g Quitten, 250 g Gelierzucker 2:1, Saft von ½ unbehandelten Zitrone, 300 g Kastanien, 2 EL Zucker, 1 Vanilleschote

ZUBEREITUNG

Die Quitten schälen, vierteln, entkernen und in Würfel schneiden. Mit dem Gelierzucker und Zitronensaft mischen und über Nacht ziehen lassen.

Die Kastanien kreuzweise einschneiden, 5 Minuten in kochendem Wasser blanchieren, herausnehmen, abschrecken, abtropfen lassen und schälen. Anschließend in einen Topf geben, mit Wasser bedecken und in etwa 30 Minuten halb zugedeckt weich kochen. Das restliche Wasser abgießen und dabei auffangen. Den Zucker goldbraun karamellisieren. Die längs halbierte Vanilleschote zugeben. Mit 60 ml Kastanien-Kochwasser ablöschen, die Maroni zugeben und 15 Minuten darin köcheln lassen. Die Vanilleschote entfernen und die Masse pürieren.

Die Quittenmasse in einem Topf zum Kochen bringen, 4 Minuten sprudelnd kochen lassen, die Kastanienmasse untermischen und alles in gut ausgespülte Gläser füllen. Fest verschließen und auskühlen lassen.

Rhabarberkonfitüre mit Aprikosen

Zutaten

1 kg Rhabarber, 1 kg Aprikosen, 2 kg Gelierzucker, Saft von 1 Orange

Zubereitung

Den Rhabarber putzen, schälen und quer in ca. ½ cm dicke Scheiben schneiden. Anschließend in kochendes Wasser legen und einige Minuten dünsten. Gut abtropfen lassen. Die Aprikosen häuten, entkernen und das Fruchtfleisch im Mixer pürieren. In einem Kochtopf das Aprikosenpüree, die gedünsteten Rhabarberstücke, Orangensaft und Gelierzucker vermischen. Unter ständigem Rühren zum Kochen bringen. Etwa 4 Minuten köcheln. Den Topf vom Herd ziehen und die Konfitüre abfüllen.

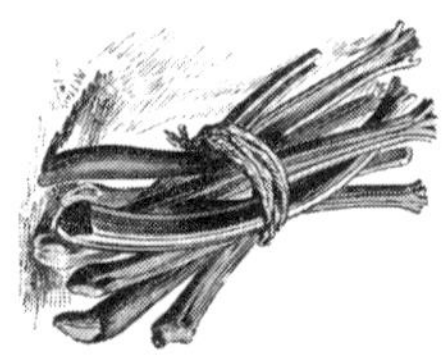

Rote-Grütze-Konfitüre

Zutaten

300 g Sauerkirschen, je 300 g Rote und Schwarze Johannisbeeren, 100 g Himbeeren, 500 g Gelierzucker 2:1

Zubereitung

Kirschen und Johannisbeeren getrennt voneinander waschen und abtropfen lassen. Himbeeren verlesen. Johannisbeeren von den Rispen streifen. Kirschen entsteinen. Die Hälfte der Kirschen halbieren, die übrigen pürieren. 5 Twist-off-Gläser gründlich reinigen und abtropfen lassen. Die Früchte in einem großen Topf mit Gelierzucker mischen. Die Frucht-Zucker-Mischung bei starker Hitze unter Rühren aufkochen und

3 Minuten sprudelnd kochen lassen. Die Gelierprobe machen und die Konfitüre abschäumen. Sofort randvoll in die vorbereiteten Gläser füllen und diese fest verschließen. Gläser auf den Deckel stellen, dann umdrehen und abkühlen lassen. An einem dunklen und kühlen Ort aufbewahren.

Sanddornkonfitüre

Zutaten

1,2 kg Sanddorn, 100 ml Orangenlikör, ca. 1 kg Gelierzucker

Zubereitung

Den Sanddorn waschen und mit ein wenig Wasser in einem Topf zugedeckt bei geringer Hitze dünsten, bis die Beeren aufplatzen. Durch ein Sieb streichen und das Fruchtmark abwiegen. Mit derselben Menge Gelierzucker und dem Orangenlikör in einem Topf aufkochen und etwa 3 Minuten sprudelnd kochen lassen. Eine Gelierprobe durchführen und anschließend in vorbereitete Gläser füllen. Diese gut verschließen und auf den Deckel gedreht abkühlen lassen. Dann wieder umdrehen und auskühlen lassen.

Schwarze Johannisbeerkonfitüre

Zutaten

1 kg Schwarze Johannisbeeren, 1 kg Gelierzucker, 80 ml Portwein, 2 cl Cassislikör

ZUBEREITUNG

Johannisbeeren waschen und entstielen. Mit Gelierzucker und Portwein vermischen. 3–4 Stunden zugedeckt durchziehen lassen. Unter Rühren zum Kochen bringen und 4 Minuten sprudelnd kochen lassen. Likör unterrühren. Konfitüre heiß in Gläser füllen und sofort verschließen.

Stachelbeerkonfitüre

ZUTATEN

1 kg grüne Stachelbeeren, 1 kg Gelierzucker 1:1, 3 EL Zitronensaft, 2 cl Cognac

ZUBEREITUNG

Die Stachelbeeren waschen, putzen und mit dem Zucker, Zitronensaft und Cognac in einen großen Topf geben. Mit einem Stampfer andrücken. Etwa 20 Minuten ziehen lassen, dann aufkochen. Den entstehenden Schaum abschöpfen und die Stachelbeeren 4–5 Minuten kochen lassen. Vom Herd nehmen und eine Gelierprobe machen (dabei etwas Fruchtmasse auf einen kleinen Teller geben und kurz in den Kühlschrank stellen; wenn die Masse noch nicht geliert, nochmals kurz durchkochen lassen). Die heiß ausgespülten Gläser randvoll füllen und gut verschließen. Sofort umgekehrt auf den Deckel stellen und etwas abkühlen lassen. Dann wieder wenden und gänzlich auskühlen lassen.

Süßkirschenkonfitüre

Zutaten

1 kg Süßkirschen, 1 kg Gelierzucker 1:1, Mark von ½ Vanilleschote, 6 cl Cassislikör, Saft von 1 unbehandelten Zitrone

Zubereitung

Die Kirschen waschen, entsteinen und mit dem Zucker, Vanillemark, Likör und Zitronensaft in einem Topf mischen. Mit einem Kartoffelstampfer die Früchte leicht andrücken und alles ca. 1 Stunde ziehen lassen. Dann das Ganze zum Kochen bringen und 4 Minuten sprudelnd kochen lassen, in gut ausgespülte Gläser füllen, diese fest verschließen und 10 Minuten auf den Kopf stellen. Die Gläser wieder umdrehen und vollständig erkalten lassen. Kühl und dunkel lagern.

Tomatenkonfitüre

Zutaten

1 kg reife Tomaten, 1 kg Gelierzucker 1:1, Saft und Abrieb von 1 unbehandelten Zitrone

Zubereitung

Die Tomaten mit kochendem Wasser überbrühen und die Haut abziehen. Danach gründlich zerkleinern, mit Gelierzucker, Zitronensaft und -schale vermischen. Die Fruchtmasse unter Rühren zum Kochen bringen und bei starker Hitze unter Rühren 4 Minuten sprudelnd kochen lassen. In Gläser füllen und sofort verschließen. Kühl und dunkel lagern.

Trauben-Feigen-Konfitüre

Zutaten

1 kg kernlose helle Trauben, 10 Feigen, 625 g Gelierzucker 2:1

Zubereitung

Die Trauben waschen und von den Stielen befreien. Die Feigen kalt waschen, Stiele abschneiden und die Früchte der

Länge nach in dünne Scheiben schneiden. Trauben in einen großen Topf geben und so lange erhitzen, bis sie etwas Saft ziehen. Mit dem Pürierstab grob zerkleinern, mit Gelierzucker vermengen und das Ganze zum Kochen bringen. Anschließend die Feigen hinzugeben. Die Masse unter ständigem Rühren 4 Minuten auf höchster Stufe kochen lassen. Die Konfitüre rasch in heiß ausgespülte Gläser füllen. Diese sofort fest verschließen und 5 Minuten umgedreht stehen lassen. Während des Abkühlens mehrmals wenden, damit sich die Feigenscheiben gleichmäßig im Glas verteilen. An einem trockenen Ort kühl und dunkel lagern.

Trockenfrüchte-Konfitüre

ZUTATEN

½ kg gemischte Trockenfrüchte (Aprikosen, Datteln, Äpfel etc.), Saft von 2 Zitronen, Saft und abgeriebene Schale von 2 unbehandelten Orangen, 1 kg Gelierzucker

ZUBEREITUNG

Die Trockenfrüchte mit ca. 1 l Wasser begießen, zudecken und mindestens 12 Stunden einweichen lassen. Aufgeweichte Früchte durch den Fleischwolf drehen oder mit einem Küchenmixer zerkleinern. Anschließend alle Zutaten bis auf den

Gelierzucker miteinander vermischen (auch das Einweichwasser hinzufügen) und zum Kochen aufstellen. So lange bei leiser Hitze köcheln, bis die Flüssigkeit zum größten Teil verdampft ist – etwa 20 bis 30 Minuten. Nun den Gelierzucker einrühren und noch ca. 4 Minuten weiterkochen. In Gläser abfüllen und etikettieren.

Vierfrucht-Konfitüre

ZUTATEN

250 g Himbeeren, 250 g Erdbeeren, 250 g Johannisbeeren, 250 g Rhabarber, 500 g Gelierzucker 2:1, Saft von 1 Zitrone, 50 ml Cassislikör

ZUBEREITUNG

Die Gläser und Deckel heiß ausspülen und abtrocknen lassen. Die Himbeeren putzen und verlesen. Die übrigen Beeren waschen, putzen, verlesen und abtropfen lassen. Den Rhabarber putzen, waschen, dünn schälen und in ca. 1 cm dicke Stücke schneiden. Die Beeren in einen Topf geben und mit dem Kartoffelstampfer zerdrücken, Rhabarber hinzufügen. Gelierzucker und Zitronensaft untermischen und unter Rühren zum Kochen bringen. Ca. 4 Minuten sprudelnd kochen lassen und den Cassis hinzugeben. Die Konfitüre in die Gläser geben, verschließen und auf dem Kopf stehend abkühlen lassen. Kühl und dunkel lagern.

Zwiebelkonfitüre

ZUTATEN

500 g rote Zwiebeln, 3 EL Olivenöl, 2 EL brauner Zucker, 60 ml Balsamicoessig, 100 ml trockener Rotwein

ZUBEREITUNG

Die Zwiebeln abziehen und in schmale Spalten schneiden. In einer Pfanne das Öl erhitzen und die Zwiebeln darin glasig schwitzen. Mit dem Zucker bestreuen und karamellisieren lassen. Mit dem Essig und Wein ablöschen und bei schwacher Hitze ca. 15 Minuten köcheln lassen. In Gläser füllen und auskühlen lassen. Passt sehr gut zu gebratenem Fleisch.

Apfelgelee

ZUTATEN

3 kg reife Äpfel , 1½ kg Gelierzucker 1:1, 1–2 Zimtstangen, 2 Anissterne, 3–4 Nelken, 4 EL Zitronensaft

ZUBEREITUNG

Die Äpfel waschen, vierteln und das Kerngehäuse entfernen. In einen Entsafter geben und den Saft auffangen. Den Saft mit dem Gelierzucker und den Gewürzen in einem Topf bei starker Hitze unter Rühren aufkochen und ca. 4 Minuten sprudelnd kochen lassen. Den Zitronensaft einrühren, den Topf vom Herd nehmen. Die Gewürze entfernen.

Das Gelee sofort in die heiß ausgespülten Gläser füllen. Die Gläser fest verschließen und auf den Kopf gestellt ca. 10 Minuten abkühlen lassen, danach umdrehen und vollständig auskühlen lassen.

Apfel-Wacholder-Gelee

ZUTATEN

1,2 kg Äpfel (z. B. Golden Delicious), 1 kg Gelierzucker, 2 Vanilleschoten, 4 cl Wacholderschnaps

ZUBEREITUNG

Äpfel waschen und mit dem Kerngehäuse in Stücke schneiden, nicht schälen. Mit ¼ l Wasser weich kochen, Fruchtmus durch ein Tuch pressen. 1 l kalten Saft mit Gelierzucker und aufgeschlitzten Vanilleschoten unter Rühren zum Kochen bringen und 4 Minuten sprudelnd kochen lassen. Vanilleschoten entfernen, Wacholderschnaps unterrühren. Gelee heiß in Gläser füllen und sofort verschließen.

Blaubeergelee mit Wacholderbeeren und Gin

ZUTATEN

1 kg Blaubeeren, 12 Wacholderbeeren, 500 g Gelierzucker 2:1, 3 EL Gin

ZUBEREITUNG

Blaubeeren verlesen und vorsichtig abspülen. Wacholderbeeren zerdrücken und mit Blaubeeren und 250 ml Wasser aufkochen, bis die Beeren platzen und Saft ziehen. Auf einem Passiertuch oder einem Sieb abtropfen lassen, gut ausdrücken und 750 ml Fruchtsaft abmessen (evtl. mit wenig Wasser auffüllen). Mit Gelierzucker in einem großen Topf verrühren und zum Kochen bringen. Mindestens 3 Minuten unter Rühren sprudelnd kochen lassen, vom Herd nehmen und den Gin unterrühren. Gelee sofort in vorbereitete Gläser füllen, fest verschließen, umdrehen und 5 Minuten auf dem Deckel stehen lassen. Ergibt ca. 5 Gläser à 230 g.

Brombeer-Holunder-Apfel-Gelee

ZUTATEN

500 g Brombeeren, 400 g Holunderbeeren, 400 g Äpfel, Saft von 1 Zitrone, 1 kg Gelierzucker

ZUBEREITUNG

Brombeeren verlesen, waschen und mit 125 ml Wasser 1-mal aufkochen. Auf einem Passiertuch oder Sieb abtropfen lassen, dann 375 ml Saft abmessen. Holunderbeeren waschen und von den Stielen streifen. Äpfel waschen, entkernen und klein schneiden. Holunderbeeren und Äpfel mit 125 ml Wasser aufkochen, einige Minuten köcheln lassen, bis die Apfelstückchen weich sind und die Beeren Saft ziehen. Dann ebenfalls auf einem Sieb oder Passiertuch abtropfen lassen und 375 ml Saft abmessen. (Ersatzweise Brombeeren im Dampfentsafter entsaften und 375 ml abmessen. Holunder mit Äpfeln ebenfalls im Dampfentsafter entsaften und 375 ml Saft abmessen.) Beide Säfte mit Zitronensaft und Gelierzucker in einem großen Topf mischen und zum Kochen bringen. 4 Minuten unter Rühren sprudelnd kochen lassen und sofort in heiß ausgespülte Gläser füllen. Fest verschließen und 5 Minuten auf den Deckel gewendet stehen lassen.

Holundergelee

ZUTATEN

½ l Holundersaft, ½ l Apfelsaft, 1 kg Gelierzucker

ZUBEREITUNG

Holunder- und Apfelsaft mit Gelierzucker zum Kochen bringen und nach Packungsanweisung sprudelnd kochen lassen. Evtl. abschäumen, in vorbereitete Gläser füllen und sofort mit Schraubdeckeln verschließen. Anschließend umdrehen und ca. 5 Minuten auf dem Deckel stehen lassen. Ergibt 4 Gläser à 500 g.

Holundergelee mit Zimt

ZUTATEN

1,2 kg Holunderbeeren (geputzt gewogen), 1 kg Gelierzucker, ¼ TL Zimtpulver, ¼ TL Kardamompulver, 2 EL Zitronensaft

Zubereitung

Holunderbeeren waschen und entstielen. Mit 1/8 l Wasser weich kochen und durch ein Haarsieb passieren. Fruchtmark mit Gelierzucker, Gewürzen und Zitronensaft vermischen und unter Rühren zum Kochen bringen. 4 Minuten sprudelnd durchkochen lassen. Heiß in Gläser füllen und sofort verschließen.

Kürbis-Quitten-Gelee

Zutaten

750 g Kürbis, ½ Topf Zitronenmelisse, 750 ml Quittensaft, 2 kg Gelierzucker 1:1, 1 Päckchen Zitronensäure

Zubereitung

Kürbis schälen, Kerne und faseriges Inneres entfernen und Fruchtfleisch würfeln. Mit wenig Wasser ca. 10 Minuten weich garen und mit dem Passierstab fein pürieren. Melisseblättchen abzupfen und fein hacken. Mit Quittensaft, Gelierzucker und Zitronensäure unter das Kürbispüree rühren, zum Kochen bringen. 4 Minuten unter Rühren sprudelnd kochen lassen und sofort in heiß ausgespülte Gläser füllen. Gläser fest verschließen, 5 Minuten auf den Deckel gewendet stehen lassen. Ergibt 12 Gläser à 230 g.

Quittengelee mit Vanille

Zutaten

1 ¼ kg Quitten, 2 Vanilleschoten, 1 kg Gelierzucker 1:1, 20 ml Mandellikör

Zubereitung

Quitten mit einem weichen Tuch abreiben, waschen, grob zerschneiden und mit 1 ¼ l Wasser zum Kochen bringen. 25–30 Minuten köcheln lassen, bis die Quitten weich sind, dann auf einem Sieb oder Passiertuch abtropfen lassen (ersatzweise Quitten im Dampfentsafter entsaften). 1 l Quittensaft abmessen, evtl. mit wenig Wasser auffüllen. Vanilleschoten längs einritzen und das Mark herauskratzen. Vanillemark und -schoten, Quittensaft und Gelierzucker in einem großen Topf mischen, bei mittlerer Hitze zum Kochen bringen und 4 Minuten unter Rühren sprudelnd kochen lassen. Vanilleschoten entfernen, Likör zufügen und Gelee sofort in heiß ausgespülte Gläser füllen. Fest verschließen und 5 Minuten auf den Deckel gewendet stehen lassen. Ergibt 6–7 Gläser à 230 g.

Rotes Johannisbeergelee

ZUTATEN

1 kg Rote Johannisbeeren, 2 EL Zucker, Mark von 1 Vanilleschote, ca. 800 g Gelierzucker 1:1

ZUBEREITUNG

Die Johannisbeeren waschen, von den Rispen streifen, verlesen und mit dem Zucker, Vanillemark und 150 ml Wasser in einem Topf zum Kochen bringen. Bei mittlerer Hitze 10 Minuten köcheln lassen und dann in ein mit einem Tuch ausgelegtes Sieb schütten und in einen Topf gut abtropfen lassen. Die Früchte gut ausdrücken, den Saft abmessen und mit der gleichen Menge an Gelierzucker zum Kochen bringen. Ca. 4 Minuten sprudelnd kochen lassen, in gut ausgespülte Gläser füllen, 10 Minuten auf den Kopf stellen und erkalten lassen. Die Gläser wieder umdrehen und an einem kühlen und dunklen Ort lagern.

Weintraubengelee

ZUTATEN

800 g blaue Trauben, ca. 250–300 ml trockener Rotwein, ½–1 TL Pfeffer, 1 Lorbeerblatt, 400 g Gelierzucker 2:1

ZUBEREITUNG

Die Trauben halbieren und mit 50 ml Wasser in einem Topf ca. 5 Minuten dünsten. Anschließend durch die Passiermühle drehen und auskühlen lassen. Mit dem Wein auf 800 ml Flüssigkeit auffüllen (je nach Gelierzuckermarke). Zusammen mit dem Pfeffer (nach Belieben) und dem Lorbeerblatt in einen großen Kochtopf geben und mit dem Gelierzucker vermischen. Zum Kochen bringen und 5 Minuten sprudelnd kochen lassen. Dann sofort randvoll in heiß ausgespülte Gläser füllen und verschließen. Auskühlen lassen und dunkel lagern.

OMAS RAT

Schmeckt auch sehr gut, wenn man einen Teil der Trauben durch Blaubeeren ersetzt!

Weißdorn-Holunder-Gelee

ZUTATEN

500 g Holunderbeeren, 500 g Weißdornbeeren, 4 EL Zucker, ca. 600 g Gelierzucker 2:1

ZUBEREITUNG

Die Beeren waschen, verlesen und von den Stielen streifen. Die Holunderbeeren mit 2 EL Zucker und 200 ml Wasser in einem Topf zum Kochen bringen und 25 Minuten köcheln lassen. Die Weißdornbeeren ebenfalls mit 2 EL Zucker und 200 ml Wasser in einem Topf erhitzen und 25 Minuten köcheln lassen. Die Holunderbeeren durch ein über einem Topf hängendes Haarsieb streichen, dabei die Beeren gut ausdrücken. Die Weißdornbeeren ebenfalls durch ein über einem Topf hängendes Haarsieb abgießen und mit einer Kelle gut ausdrücken. Beide Säfte mischen, abmessen und mit der gleichen Menge an Gelierzucker mischen. In einem Topf zum Kochen bringen und unter Rühren ca. 4 Minuten sprudelnd kochen lassen. Den entstandenen Schaum abschöpfen und die Masse in gut ausgespülte Gläser füllen. Fest verschließen und für 10 Minuten auf den Kopf stellen. Wieder umdrehen und kühl und dunkel lagern.

Grapefruit-Ananas-Marmelade

ZUTATEN

½ kg Grapefruits, ½ kg Ananas, 1 kg Gelierzucker

ZUBEREITUNG

Die Grapefruits schälen und grob würfeln. Die Ananas schälen und passend zu den Grapefruits schneiden. Die Früchte im Mixer pürieren und anschließend mit Gelierzucker vermengen. Zudecken und für ca. 1 Stunde in den Kühlschrank stellen. Etwa 4–5 Minuten sprudelnd und offen kochen lassen. Die fertige Marmelade in Gläser einfüllen.

Grapefruitmarmelade mit Honigmelone

ZUTATEN

½ kg Grapefruits, ½ kg Honigmelone, 1 kg Gelierzucker, 4 cl weißer Rum

ZUBEREITUNG

Die Grapefruits schälen und in grobe Stücke schneiden. Honigmelone schälen, von den Kernen befreien und in Stückchen schneiden. Beide Fruchtfleischsorten pürieren und mit Gelierzucker vermengen. Etwa 4–5 Minuten sprudelnd kochen, dabei öfter rühren. Vom Herd ziehen, mit Rum parfümieren und in Gläser abfüllen.

Kürbis-Orangen-Marmelade

ZUTATEN

1 kg Kürbis, 3 unbehandelte Orangen, 500 g Gelierzucker, 50 g eingelegter Ingwer

ZUBEREITUNG

Kürbis halbieren, Kerne und Fasern entfernen. Das Fruchtfleisch dann in kleine Würfel schneiden. Orangen heiß abwaschen, Schale abreiben und Saft auspressen. Orangensaft, $^1/_3$ des Kürbisfleischs und die Hälfte des Gelierzuckers in einen großen Topf geben. Ca. 30 Minuten kochen lassen und anschließend mit dem Stabmixer pürieren. Restliches Kürbisfleisch mit übrigem Zucker, 200 ml Wasser und Orangenschale ca. 1 Stunde kochen lassen. Zwischendurch abschäumen. Ingwer grob hacken, mit dem Orangen-Kürbis-Püree dazugeben und weitere 30 Minuten bei mittlerer Hitze kochen. Kürbismarmelade in vorbereitete Gläser füllen, gut verschließen und zum Auskühlen auf den Deckel stellen. Ergibt 4 Gläser.

Möhren-Orangen-Marmelade

ZUTATEN

½ kg Orangen, ½ kg Möhren, 100 g Mandelstifte, Saft von 2 Zitronen, 1 kg Gelierzucker, 1 Päckchen Gelierhilfe

ZUBEREITUNG

Die Orangen schälen und grob würfeln. Möhren ebenfalls schälen und in streichholzartige Stifte schneiden. Orangenfruchtfleisch im Küchenmixer pürieren. Anschließend mit den Möhrenstiften, Gelierzucker und Mandelstiften vermischen; ca. ½ Stunde im Kühlschrank ziehen lassen. Unter ständigem Rühren die Masse zum Aufkochen bringen und dann die Gelierhilfe mit einbeziehen. Etwa 5 Minuten auf höchster Stufe aufkochen. Sofort in Gläser abfüllen.

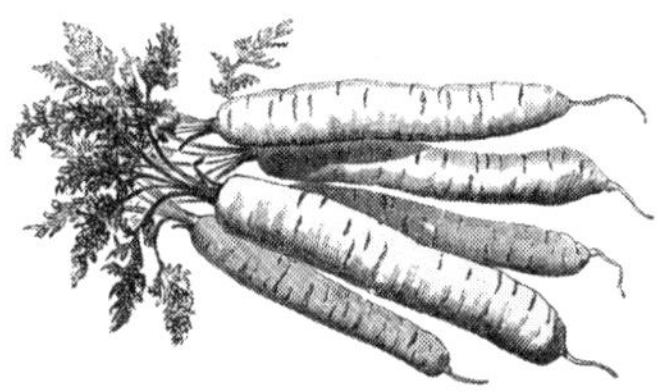

Orangen-Grapefruit-Marmelade

ZUTATEN

650 g Grapefruits, 650 g Orangen, 1 Packung Gelierzucker extra, 4 EL Orangenlikör

ZUBEREITUNG

Grapefruits und Orangen schälen, weiße Häute abziehen. Fruchtfilets mit einem scharfen Messer heraustrennen und jeweils 500 g Fruchtfleisch abwiegen. Zitrusfrüchte in einen großen Topf geben, mit Gelierzucker verrühren und unter Rühren bei starker Hitze zum Kochen bringen. Frucht-Zucker-Masse mindestens 3 Minuten unter ständigem Rühren sprudelnd kochen lassen, dann vom Herd nehmen. Orangenlikör unter Rühren langsam dazugeben und gut mit der Fruchtmasse vermengen. Marmelade abschäumen, vorbereitete Gläser randvoll mit Marmelade befüllen. Gläser verschließen, umdrehen und ca. 5 Minuten auf dem Deckel stehen lassen.

Pfirsich-Holunder-Marmelade

ZUTATEN

1 kg Pfirsiche, 1 kg Holunderbeeren, 1 kg Gelierzucker 2:1, 150 g Pinienkerne

ZUBEREITUNG

Pfirsiche waschen, Steine entfernen und Fruchtfleisch klein würfeln. Die Holunderbeeren waschen, abtropfen lassen und die Stiele entfernen. 10 fest verschließbare Gläser gründlich reinigen und trocknen lassen. Pfirsiche und Holunder mit Gelierzucker in einem großen Topf vermengen. Zum Kochen bringen und 5 Minuten unter ständigem Rühren auf höchster Stufe kochen lassen. Konfitüre vom Herd nehmen. Pinienkerne zugeben und sofort in vorbereitete Gläser füllen. Gläser fest verschließen und 5 Minuten auf den Deckel gewendet stehen lassen. Während die Gläser kalt werden, diese mehrmals umdrehen, sodass sich die Pinienkerne gleichmäßig im Glas verteilen. An einem dunklen und kühlen Ort lagern.

Mus & Kompott

Apfelmus

Zutaten

750 g Äpfel, 50 g Zucker

Zubereitung

Äpfel schälen, vierteln, Kerngehäuse entfernen und Fruchtfleisch in kleine Würfel schneiden. Apfelstücke mit 5 EL Wasser in einem Topf zum Kochen bringen, unter ständigem Rühren weich kochen, sodass das Fruchtfleisch zusammenfällt. Apfelmasse nach und nach in ein Sieb gießen, mit einem Löffel durchstreichen und Apfelmus anschließend mit Zucker abschmecken.

Fruchtmark aus Erdbeeren

Zutaten

1 kg Erdbeeren, 50 g Gelierzucker 1:2, 100 g Zucker

Zubereitung

Erdbeeren kurz in kaltem Wasser waschen, auf einem Tuch ausbreiten und vorsichtig trocken tupfen. Blütenansätze entfernen. Früchte fein hacken, im Mixer oder mit einem Schneidstab pürieren. Mit Zucker mischen und abschmecken. Zum Einkochen Masse in 4 Einmachgläser à 250 ml füllen und verschließen. In einem großen Topf mit kaltem Wasser aufsetzen, über mittlerer Hitze heiß werden lassen und Gläser einkochen. Ergibt 4 Gläser à 250 ml Inhalt.

Gemischtes Dattelmus

ZUTATEN

¾ kg frische Datteln, ½ kg gemischtes Obst (Äpfel, Bananen, Birnen, Feigen), Saft von 1 Zitrone, 1 ¼ kg Gelierzucker, nach Belieben gemahlener Zimt oder Kardamom

ZUBEREITUNG

Die frischen Datteln schälen und entkernen. Das restliche Obst schälen, nach Bedarf entkernen und grob zerschneiden. Sämtliches Obst im Küchenmixer pürieren. Mit Gewürzen, Zitronensaft und Gelierzucker vermischen. Unter ständigem Rühren zum Kochen bringen. Etwa 4 Minuten aufpuffen lassen. In vorbereitete Gläser füllen. Nach Belieben die Deckel mit Rum ausschwenken.

Hagebutten-Birnen-Mus im Schälchen

ZUTATEN

500 g Hagebutten, Saft von 1 Zitrone, ½ Zimtstange, 100 g Honig, 700 g vollreife Birnen, 300 g Zucker, 150 ml trockener Weißwein

ZUBEREITUNG

Die Hagebutten waschen, entstielen und Blütenansätze entfernen. Dann halbieren und die Kerne herausschaben. 100 ml Wasser mit den Hagebutten, dem Zitronensaft und dem Zimt ½ Stunde weich kochen und die Masse anschließend durch ein Sieb streichen. Den Honig unterrühren und das Mus abkühlen lassen. Die Birnen schälen, vierteln, entkernen und in Würfel schneiden. Zusammen mit dem Zucker und dem Wein in einen Topf geben und zugedeckt bei mittlerer Hitze 20 Minuten weich kochen. Mithilfe eines Schneidestabes die Birnen pürieren und unter das Hagebuttenmus rühren. In Schälchen füllen und servieren.

Hagebuttenmus

ZUTATEN

1½ kg Hagebutten, 3 Päckchen Vanillinzucker, 2 Msp. Zimtpulver, 1 kg Gelierzucker

ZUBEREITUNG

Hagebutten waschen, Stiele und Blüten entfernen. Früchte halbieren, Kerne entfernen und Früchte nochmals waschen.

Hagebutten mit Wasser bedeckt ca. 20 Minuten weich kochen. Durch ein feines Sieb streichen. 1 kg Fruchtmark mit Vanillezucker, Zimtpulver und Gelierzucker vermischen, unter Rühren zum Kochen bringen und 4 Minuten kochen lassen. Anschließend sofort heiß in vorbereitete Gläser füllen und diese fest verschließen.

Mango-Bananen-Mus

ZUTATEN

4 reife Bananen, 1 EL Zitronensaft, 2 reife Mangos, 2 EL brauner Zucker, 100 ml Orangensaft

ZUBEREITUNG

Bananen schälen und in Scheiben schneiden. In eine Schüssel geben und mit Zitronensaft vermischen. Mangos schälen, das Fruchtfleisch vom Kern lösen und in Würfel schneiden. Mangowürfel in einen Topf geben und mit braunem Zucker vermischen. Unter Rühren zum Kochen bringen. Orangensaft mit Bananenscheiben zu den Mangowürfeln geben. 10 Minuten auf niedriger Stufe sanft köcheln lassen. Dann vom Herd ziehen. Früchte im Standmixer oder mit dem Stabmixer pürieren. Kalt servieren.

Nektarinen-Melonen-Mus

ZUTATEN

600 g Nektarinen, 1 Charentais-Melone, ½ Limette

ZUBEREITUNG

Nektarinen waschen und schälen. In Hälften schneiden und von den Steinen befreien. Melone vierteln und ebenfalls die Kerne entfernen. Das Fruchtfleisch aus der Schale lösen und würfeln. Limette auspressen.

Mit Nektarinen und Melonenwürfeln in einem Standmixer oder einer Rührschussel fein pürieren und bis zum Servieren kalt stellen.

Pflaumenmus

ZUTATEN

5½ kg Pflaumen, 500 g Gelierzucker extra, 5 EL Zwetschenwasser, Zimt

ZUBEREITUNG

Pflaumen waschen, abtropfen lassen, evtl. entstielen. Früchte halbieren, Steine entfernen, Fruchtfleisch vierteln und 5 kg abwiegen. Pflaumen in eine Fettpfanne geben, auf mittlerer Schiene in den auf 220 Grad vorgeheizten Backofen schieben und ca. 150 Minuten garen, dabei den Backofen einen Spalt offen lassen und die Fruchtmasse immer wieder gründlich durchrühren. Pflaumenmasse in einen Topf umfüllen, Gelierzucker dazugeben und unter Rühren 1 Minute kochen lassen. Zum Schluss Zwetschenwasser unterrühren und nach Wunsch mit Zimt abschmecken. Pflaumenmus noch heiß in vorbereitete Gläser füllen, Deckel verschließen, Gläser umdrehen und ca. 5 Minuten auf dem Deckel stehen lassen.

Pikantes Kürbismus

ZUTATEN

1,3 kg Kürbis, 1 unbehandelte Orange, 500 g Gelierzucker 2:1, 15 g frischer Ingwer (gerieben), ½ TL Cayennepfeffer, 1 Msp. Nelkenpulver, 1 Msp. Zimtpulver

ZUBEREITUNG

Kürbis schälen, Kerne und Fasern entfernen, Fruchtfleisch in kleine Würfel schneiden. Knapp mit Wasser bedeckt 20–30

Minuten weich kochen. Abkühlen lassen. Orange heiß abwaschen und trocken tupfen. Schale fein abreiben, Saft auspressen. 1 kg Kürbismus abwiegen, mit Gelierzucker, Ingwer, Orangensaft und -schale sowie den Gewürzen vermischen und unter Rühren zum Kochen bringen. 3 Minuten sprudelnd kochen lassen. Heiß in Gläser füllen und sofort verschließen.

Tomaten-Zitronen-Mus

Zutaten

1 kg Tomaten, Saft und Schale von 2 unbehandelten Zitronen, 1 kg Gelierzucker 1:1

Zubereitung

Tomaten waschen, von den Stielansätzen befreien und mit dem Stabmixer pürieren. Mit Zitronensaft sowie -schale und Gelierzucker in einem großen Topf gut vermischen. Abgedeckt ca. 3 Stunden ziehen lassen. Das Ganze aufkochen und 4 Minuten unter Rühren auf höchster Stufe kochen lassen. Mus sofort in heiß ausgespülte Gläser füllen, gut verschließen und 5 Minuten umgedreht stehen lassen.

Apfelkompott

Zutaten

1 kg Äpfel, 75 g Zucker, Schale von ½ unbehandelten Zitrone, 1 Zimtstange

Zubereitung

Äpfel schälen, vierteln und Kerngehäuse entfernen. Fruchtfleisch je nach Größe in Achtel schneiden. 1/8 l Wasser mit Zucker in einem Topf zum Kochen bringen, Apfelstücke zusammen mit Zitronenschale sowie der Zimtstange dazugeben. Abgedeckt zum Kochen bringen, unter regelmäßigem Schütteln des geschlossenen Topfes ca. 10 Minuten weich kochen. Zimtstange und Zitronenschale entfernen, Kompott noch heiß servieren oder in vorbereitete Gläser füllen, verschließen und abkühlen lassen.

Aprikosenröster

Zutaten

2 Äpfel, Saft von 1 Zitrone, 600 g Aprikosen, 1 Vanilleschote, 120 g Puderzucker

Zubereitung

Äpfel schälen, entkernen, würfeln und mit Zitronensaft beträufeln. Aprikosen entkernen und Fruchtfleisch klein schneiden. Vanilleschote mit einem spitzen Messer längs halbieren und das Mark herauskratzen. Äpfel, Aprikosen, Vanillemark und Puderzucker in einen Topf geben.

Das Ganze zum Kochen bringen und auf kleinster Flamme 25 Minuten leise köcheln lassen. Gelegentlich umrühren. Fest verschließbare Gläser gründlich reinigen und abtropfen lassen. Nach Garzeitende den Topf vom Herd ziehen. Früchte pürieren und auf die Gläser verteilen. Gläser fest verschließen und auskühlen lassen. Aprikosenröster kühl und trocken lagern.

Backobstkompott

Zutaten

100 g gemischtes Trockenobst (z. B. Pflaumen, Äpfel und Aprikosen), 2 Zimtstangen, 8 breite Streifen Zitronenschale (unbehandelt), 2 Päckchen Vanillepuddingpulver, 4 TL Zucker

Zubereitung

Trockenobst gut waschen und in grobe Stücke schneiden. In einen Topf geben und 250 ml Wasser hinzufügen. Das Trockenobst bedeckt 1 Stunde einweichen lassen. Anschließend die Zimtstangen sowie die Zitronenschale hinzufügen und aufkochen lassen. Auf mittlerer Stufe zugedeckt ca. 45 Minuten garen, bis das Obst weich ist. Anschließend die Zimtstangen und die Zitronenschale aus dem Backobstkompott entfernen. Vanillepuddingpulver mit dem Zucker vermischen, in ein wenig kaltem Wasser anrühren und zur Backobstmischung in den Topf geben. Das Ganze einmal aufkochen lassen, bis das Kompott andickt. Backobstkompott in 2 Schälchen füllen und auskühlen lassen. Mit Frischhaltefolie abdecken und mindestens 2 Stunden in den Kühlschrank stellen.

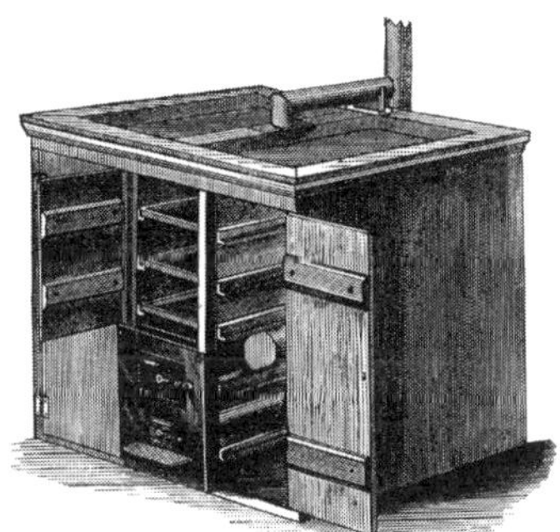

Birnen-Holunder-Kompott

Zutaten

500 g Holunderbeeren, 2 Birnen, 300 ml Schwarzer Johannisbeersaft, 100 ml Apfelsaft, 2 EL Honig, 1 unbehandelte Zitrone, 1 Vanilleschote, 2 EL Speisestärke

Zubereitung

Die Holunderbeeren waschen und gut abtropfen lassen. Die Birnen schälen, vierteln, das Kernhaus herausschneiden und die Viertel in Stücke schneiden. Den Johannisbeersaft mit dem Apfelsaft und dem Honig (nach Belieben mehr oder weniger süßen) aufkochen lassen. Ein Stück Zitronenschale abschneiden und mit dem ausgepressten Saft sowie der aufgeschlitzten Vanilleschote ebenfalls mit in den Topf geben. Die Birnenstücke und Holunderbeeren zufügen, 2–3 Minuten ziehen lassen, die Vanilleschote wieder herausnehmen und das Kompott mit in kaltem Wasser angerührter Speisestärke abbinden. Anschließend das Kompott in Schälchen füllen, erkalten lassen und servieren.

Birnen in Ahornsirup

ZUTATEN

1,3 kg Birnen, 1½ Zimtstangen, 100 g Blütenhonig, 2 EL Zitronensaft, 70 g Ahornsirup

ZUBEREITUNG

Birnen gründlich waschen, halbieren, schälen, Kerngehäuse entfernen. Birnen in einen Topf geben, ca. 400 ml Wasser angießen, 1 Zimtstange dazugeben und zum Kochen bringen. Anschließend bissfest dünsten. 300 ml Birnensaft abmessen und zusammen mit Honig erhitzen, Zitronensaft, Ahornsirup und restliche Zimtstange zugeben und aufkochen. Birnenhälften in den Sirup legen und nochmals 5 Minuten köcheln lassen. Birnen in vorbereitete Gläser füllen, dabei die erste Schicht aufrecht auf den Boden, die nächste mit dem Stiel nach unten setzen. Anschließend Sirup bei mittlerer Hitze um ein Viertel einkochen lassen und über die Birnen gießen. Gläser fest verschließen und im kochenden Wasserbad 20 Minuten einwecken.

Birnenkompott

ZUTATEN

500 g Birnen, 50 g Zucker, 1 Päckchen Vanillinzucker, 1 Zimtstange, 3 Gewürznelken, 2 EL Zitronensaft

Zubereitung

Birnen schälen, halbieren, entkernen und Fruchtfleisch in Spalten schneiden. ¼ l Wasser mit Zucker, Vanillinzucker, Zimtstange und Gewürznelken in einem Topf zum Kochen bringen. Birnenspalten dazugeben, erneut zum Kochen bringen und in ca. 10 Minuten weich kochen. Zitronensaft gleichmäßig mit einem Holzlöffel unterrühren. Kompott noch heiß in vorbereitete Gläser füllen und verschließen. Nach Belieben können Zimtstange und Gewürznelken aus dem abgekühlten Kompott entfernt und diese als Dekoration zum Dessert serviert werden.

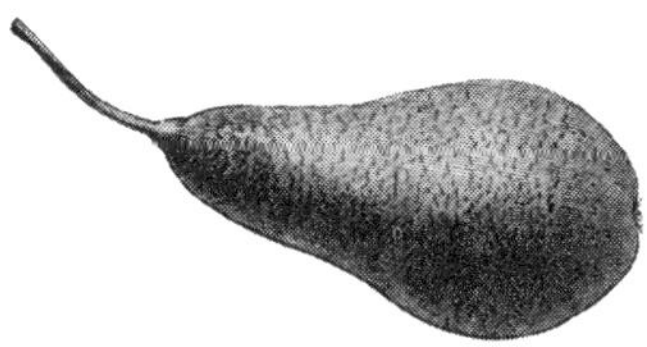

Blaubeerkompott

Zutaten

500 g Blaubeeren, 75 g Zucker, Schale von 1 unbehandelten Zitrone, Zucker zum Abschmecken

Zubereitung

Blaubeeren gründlich verlesen, unter fließendem Wasser waschen, gut abtropfen lassen und mit Zucker bestreuen. Früchte Saft ziehen lassen, dann zusammen mit der Zitronenschale in einem Topf weich dünsten. Kompott nochmals mit Zucker abschmecken, in gründlich ausgespülte Gläser füllen und verschließen.

Eingekochte Pfirsiche

Zutaten

150 ml Pfirsichsaft, 200 g Puderzucker, 4 EL frisch gepresster Zitronensaft, 2 Zimtstangen, 12 Weinbergpfirsiche

Zubereitung

4 Einweckgläser mit Bügelverschluss gründlich mit heißem Wasser und Spülmittel reinigen. Anschließend auf einem sauberen Küchenhandtuch trocknen lassen. Pfirsichsaft mit Puderzucker glatt rühren. 150 ml Wasser, Zitronensaft und Zimtstangen zugeben. Das Ganze aufkochen und 10 Minuten auf kleiner Flamme köcheln lassen. In der Zwischenzeit Pfirsiche oben kreuzweise einritzen. Mit kochend heißem Wasser überbrühen, kalt abschrecken und häuten. Die Früchte halbieren, Kerne entfernen und Fruchtfleisch in Spalten schneiden. Auf die Gläser verteilen.

Zimtstangen aus dem Sirup nehmen. Pfirsiche mit dem Sirup aufgießen und Gläser verschließen. Ca. 2 Fingerbreit Wasser in einem großen Topf zum Kochen bringen, die Einmachgläschen hineinstellen und bei geschlossenem Deckel 15 Minuten einkochen. Die Gläser anschließend vorsichtig aus dem Sud heben und auskühlen lassen. Dunkel und kühl gelagert aufbewahren.

Eingekochte Trockenfrüchte

Zutaten

250 g getrocknete Ananas, 250 g getrocknete Feigen, 250 g getrocknete Aprikosen, 250 g getrocknete Äpfel, 60 g Mandeln (blanchiert und fein gehackt), 3 unbehandelte Zitronen, 900 ml trockener Cidre, 500 g Kochäpfel, 500 g Zucker, 15 g Butter

Zubereitung

Trockenfrüchte hacken und mit den Mandeln in eine Schüssel geben. Zitronen heiß waschen und abtrocknen. Schale dünn abreiben und die Zitronen auspressen; beides zu den Trockenfrüchten geben. Schalenreste in Folie wickeln und beiseitelegen. Cidre mit den Trockenfrüchten vermengen. Alles gut umrühren und das Ganze 24 Stunden ziehen lassen. Beiseitegelegte Zitronenschale fein hacken und in eine Kasserolle legen. Kochäpfel waschen, schälen, in Viertel schneiden und von den Kernhäusern befreien. Apfelschalen mit in die Kasserolle geben. Fruchtfleisch in Würfel schneiden und zur Trockenfruchtmischung geben. Die Schalen in der Kasserolle mit Wasser bedecken und aufkochen. Dann Temperatur reduzieren und das Ganze zugedeckt 45 Minuten köcheln lassen. Trockenfruchtmischung in einen ausreichend großen Topf umfüllen. Schalensud durch ein Sieb drücken und dabei so viel Saft und Apfelmasse herauspressen wie möglich. Den Sud mit in den Topf geben. Alles aufkochen. Dann die Temperatur herunterschalten und zugedeckt ca. 30 Minuten köcheln lassen, bis die Früchte weich sind. In der Zwischenzeit 9 Twist-off-Gläser gründlich reinigen und austrocknen lassen. Zucker zu der Fruchtmasse geben und auflösen. Noch einmal aufkochen und 5 Minuten auf höchster Stufe kochen, bis sie leicht eindickt. Sobald sich auf der Fruchtmischung Schaum bildet, die Butter hinzugeben und umrühren. Dann die Masse sofort in die gereinigten Gläser füllen und diese luftdicht verschließen. Einige Minuten umgedreht stehen lassen, dann erneut wenden und auskühlen lassen.

Erdbeer-Rhabarber-Kompott

Zutaten

250 g Rhabarber, 500 g Erdbeeren, 250 ml Apfelsaft, 100 g Zucker, 2 EL feine Speisestärke

Zubereitung

Rhabarber waschen, putzen und in ca. 2 cm große Stücke schneiden. Erdbeeren waschen, putzen und vierteln. Rhabarber mit Apfelsaft und Zucker in einen Topf geben. Dann das Ganze bei mittlerer Hitze einmal aufkochen lassen. Speisestärke mit 3 EL kaltem Wasser anrühren, in das Rhabarberkompott einrühren und nochmals aufkochen. Erdbeeren unter das Kompott heben. Dieses dann auf Dessertschalen verteilen und für mindestens 30 Minuten kalt stellen. Ergibt 6 Portionen.

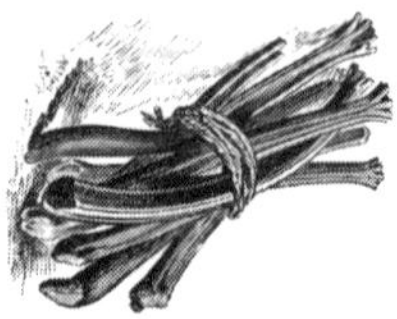

Feigen-Honig-Kompott

ZUTATEN

500 g Feigen, 350 g Kristallzucker, 50 g Honig, Saft von ½ Zitrone, 3 Lorbeerblätter

ZUBEREITUNG

Feigen waschen, abtrocknen und in Viertel schneiden. In einer Schüssel mit Zucker, Honig und Zitronensaft vermengen. 30 Minuten ziehen lassen. Dann die Feigenviertel in einen Topf geben, alles erhitzen und einmal aufkochen lassen. Anschließend ca. 12 Stunden kalt stellen. Twist-off-Gläser gründlich reinigen und gut abtropfen lassen. Nach Ziehzeitende Lorbeerblätter hinzugeben und die Feigen erneut erhitzen. Unter Rühren 5 Minuten kochen lassen. Lorbeerblätter entfernen und Feigen in die gereinigten Gläser füllen. Sofort fest verschließen und auskühlen lassen. Kühl und trocken aufbewahren.

Herbstliches Kompott

ZUTATEN

4 Äpfel, 3 Birnen, 125 g Rosinen, 1 unbehandelte Orange, 60 g Butter, 100 g brauner Zucker

ZUBEREITUNG

Äpfel und Birnen waschen und schälen. Früchte vierteln, entkernen und in Würfel schneiden. Rosinen in ein Sieb geben, abbrausen und mit Küchenpapier trocken tupfen. Orange unter fließendem heißen Wasser abbürsten. Die Schale mit einem Sparschäler dünn abziehen und hacken. Frucht halbieren und Saft auspressen. Orangenschale und -saft mit Rosinen vermengen. Butter in einem Topf erhitzen. Äpfel und Birnen dazugeben und 5 Minuten unter Rühren schmoren. Zucker dazugeben, umrühren und 15 Minuten leise köcheln lassen. Orangen-Rosinen-Mischung in den Topf geben und nochmals 15 Minuten leise köcheln lassen. Dabei immer wieder umrühren. Anschließend abkühlen lassen.

Holunderkompott

ZUTATEN

600 g Holunderbeeren, 150 g Zucker, ½ TL gemahlener Zimt, Mark von ½ Vanilleschote, 1 TL Zitronenabrieb, 100 ml trockener Rotwein, 150 g blaue Pflaumen, 2–3 TL Speisestärke

ZUBEREITUNG

Die Holunderbeeren abbrausen, trocken tupfen, vorsichtig von den Stielen lösen und mit dem Zucker, den Gewürzen, dem Zitronenabrieb und dem Rotwein in einem Topf zum Kochen bringen. Die Pflaumen waschen, halbieren, entsteinen, klein schneiden und untermischen. Alles bei mittlerer Hitze ca. 10 Minuten köcheln lassen und mit in kaltem Wasser angerührter Speisestärke abbinden. Das Kompott vom Herd ziehen, in eine Schüssel füllen und erkalten lassen.

Honigpfirsiche

ZUTATEN

1,2 kg Pfirsiche, 4 EL Honig, Zimt, Schale von 1 unbehandelten Zitrone

ZUBEREITUNG

Pfirsiche kurz in kochendes Wasser legen, abschütten, mit kaltem Wasser abschrecken und enthäuten. Früchte halbieren, entsteinen und Fruchtfleisch in Viertel schneiden. Honig in einem Topf erhitzen. Pfirsichviertel mit Zimt und Zitronenschale hinzufügen, im geschlossenen Topf zum Kochen bringen und ca. 8 Minuten dünsten. Pfirsiche in vorbereitete Gläser füllen, Deckel verschließen; so sind sie einige Tage im Kühlschrank haltbar.

Kirschkompott

ZUTATEN

750 g Sauerkirschen, 1 Vanilleschote, 1/8 l Rotwein, 75 g Zucker, 2 Gewürznelken, 1 TL Speisestärke, 2 EL Kirschwasser

ZUBEREITUNG

Kirschen waschen, abtropfen lassen und entsteinen. Vanilleschote längs aufschlitzen und Mark mit einem Messer herauskratzen. Vanilleschote und -mark mit Rotwein, Zucker und Nelken aufkochen lassen. Kirschen dazugeben und erneut aufkochen. Speisestärke mit Kirschwasser verrühren, in die Kirschen rühren, aufkochen und 3–4 Minuten ziehen lassen. Kompott vom Herd nehmen und auskühlen lassen.

Kiwi-Apfel-Kompott

ZUTATEN

2 unbehandelte Limetten, 1 kg säuerliche Äpfel, 4 EL Ahornsirup, 300 ml Apfelsaft, 1½ EL Speisestärke, 6 Kiwis

ZUBEREITUNG

Limetten heiß waschen und trocken reiben. Schale dünn abreiben und Saft auspressen. Die Äpfel in Viertel schneiden, schälen und von den Kernhäusern befreien. Dann quer in grobe Spalten schneiden und in einen breiten Topf geben. Mit Limettenschale sowie -saft und Ahornsirup vermischen, zugedeckt auf mittlerer Stufe 3 Minuten dünsten. Apfelsaft mit Stärke glatt rühren, zu den Äpfeln gießen und alles unter Rühren noch 1 Minute köcheln lassen. Vom Herd nehmen. Kiwis schälen, in Scheiben schneiden und vorsichtig unter die Apfelmasse mischen. Anschließend erkalten lassen.

Kompott aus blauen und gelben Pflaumen

ZUTATEN

500 g blaue Pflaumen, 500 g gelbe Pflaumen (Renekloden), 1 l Weißwein, 100 g weißer Kandis, 50 ml Mandellikör, 1 Päckchen Einmachhilfe

ZUBEREITUNG

Pflaumen waschen, halbieren oder vierteln, entsteinen und in vorbereitete Einmachgläser schichten. Weißwein mit Kandis und 300 ml Wasser aufkochen, bis sich der Kandis gelöst hat. Likör einrühren und Flüssigkeit über die Pflaumen gießen. Pro Glas 1 Msp. Einmachhilfe einstreuen. Gläser mit Deckel und Einmachring verschließen. In der Fettpfanne auf der untersten Schiene in den Backofen schieben; so viel heißes Wasser angießen, dass die Gläser ca. 2 cm hoch darin stehen. Die Gläser bei 175 Grad einkochen; die Kochzeit von 30 Minuten beginnt, wenn in allen Gläsern Luftbläschen aufsteigen. Gläser herausnehmen, 5 Minuten auf den Kopf stellen, abkühlen lassen und die Verschlüsse überprüfen.

Kürbiskompott

ZUTATEN

1 kg Kürbis (geschält), 1 Stück frischer Ingwer, 100 ml Weinessig, 350 g Zucker, 1 Prise Salz, 3–4 Zimtstangen, 1 TL Nelken

ZUBEREITUNG

Kürbisfleisch in Würfel schneiden, in einen großen Topf geben und so viel Wasser dazugießen, dass der Kürbis gerade davon bedeckt wird. Ingwer schälen und in sehr dünne Streifen schneiden. Weinessig, Zucker, Salz, Zimtstangen, Nelken und Ingwer zu den Kürbiswürfeln geben. Aufkochen und 6–8 Minuten langsam kochen lassen. Anschließend Masse noch heiß in kleinere Einmachgläser füllen und diese gut verschließen.

Mirabellen in Armagnac

ZUTATEN

3 kg reife Mirabellen, 400 g Gelierzucker, Armagnac

ZUBEREITUNG

Mirabellen waschen, abtropfen lassen und die Stiele sowie den Stein entfernen. Mit Gelierzucker schichtweise in gut gereinigte und trockene Gläser füllen. So viel Armagnac angießen, dass die Früchte knapp bedeckt sind. Gläser fest verschließen, in ein mit Wasser gefülltes Backblech stellen und bei 200 Grad ca. 1 Stunde im Backofen einmachen. Anschließend Gläser noch ca. 30 Minuten bei geschlossener Ofentür stehen lassen. Aus dem Ofen nehmen, abkühlen lassen.

Mirabellenkompott

ZUTATEN

500 g Mirabellen, 75 g Zucker, Zucker zum Abschmecken

ZUBEREITUNG

Mirabellen waschen, abtropfen lassen, entsteinen und entstielen. 1/8 l Wasser mit Zucker zum Kochen bringen, Mirabellen dazugeben, erneut zum Kochen bringen und Früchte bei mittlerer Temperatur weich kochen. Kompott evtl. mit

Zucker abschmecken, noch heiß in vorbereitete Gläser füllen, verschließen oder abgekühlt als Dessert servieren.

Pfirsichkompott mit Safran

ZUTATEN

1 unbehandelte Zitrone, 4 reife Pfirsiche, 150 ml süßer Rotwein, 50 g Zucker, 1 Päckchen Vanillinzucker, 1 Prise Safranfäden

ZUBEREITUNG

Zitrone heiß waschen und trocken reiben. 1 Stück Zitronenschale dünn abschälen und diese in feine Streifen schneiden. Zitrone auspressen. Pfirsiche mit kochendem Wasser überbrühen, abschrecken und häuten. In Hälften schneiden und von den Steinen befreien. Wein mit Zitronensaft und -schale, Zucker, Vanillinzucker, Safran und 400 ml Wasser aufkochen lassen, Pfirsichhälften einfüllen, erneut aufkochen und anschließend vom Herd nehmen. In Gläser umfüllen und abkühlen lassen.

Pflaumenkompott mit Orangen und Mandeln

ZUTATEN

600 g Pflaumen, 120 g Zucker, 3 Orangen, 20 g gehobelte Mandeln

ZUBEREITUNG

Pflaumen waschen und trocken tupfen. Die Früchte halbieren, Kerne entfernen und Fruchtfleisch in Würfel schneiden.

Mit dem Zucker vermengen. 2 Orangen so schälen, dass die weißen Häute mit entfernt werden. Dann die Filets aus den Zwischenhäuten lösen. Die dritte Orange halbieren und den Saft auspressen. Fest verschließbare Gläser gründlich reinigen und trocknen lassen. Pflaumen mit Zucker in einen kleinen Topf geben. Orangensaft zugeben und das Ganze erhitzen. Unter Rühren 10 Minuten köcheln lassen. Mandeln und Orangenfilets zu den Pflaumen geben. 5 Minuten weiter köcheln lassen und anschließend in die vorbereiteten Gläser füllen. Gläser fest verschließen, abkühlen lassen und zum Aufbewahren kalt stellen.

Portweinbeeren

Zutaten

1 kg Erdbeeren, 500 g Zucker, 375 ml Weinbrand, 100 ml Portwein

Zubereitung

Erdbeeren gründlich waschen, gut abtropfen lassen, evtl. trocken tupfen und entstielen. Beeren abwechselnd mit Zucker in vorbereitete Einmachgläser schichten und ca. 1 Stunde abgedeckt durchziehen lassen. Mit Weinbrand und Portwein auffüllen, Gläser gut verschließen und Früchte ca. 5 Wochen im Alkohol durchziehen lassen. Nach Wunsch als Kompott zu Vanilleeis oder -pudding servieren.

Quitten in Calvados

Zutaten

1 ½ kg Quitten, 100 ml Zitronensaft, ½ l Weißwein, 300 g Gelierzucker, 2 Vanillestangen, 1 Stück Ingwer, 3 Gewürznelken, 2 Zimtstangen, 300 ml Calvados

Zubereitung

Quitten mit einem Tuch abreiben, in Viertel schneiden, schälen und Kerngehäuse herausschneiden. Fruchtstücke in Spalten schneiden, mit Zitronensaft vermischen und 30 Minuten durchziehen lassen. Wein mit Zucker und Gewürzen aufkochen und Quittenspalten 20–30 Minuten darin dünsten. Früchte ohne Gewürze in vorbereitete Gläser schichten. Wein etwas einkochen lassen, Calvados dazugeben und Sud über die Quittenspalten gießen. Gläser sofort verschließen.

Quittenkompott

ZUTATEN

4 Quitten, Saft von ½ Zitrone, 2 Vanilleschoten, 150 g brauner Zucker, 1 Nelke, ⅛ l Weißwein

ZUBEREITUNG

Quitten schälen, entkernen und in Spalten schneiden. In eine Schüssel geben und mit Zitronensaft beträufeln. Vanilleschoten der Länge nach aufschlitzen, und das Mark mit einem Messer herauskratzen. Zusammen mit Zucker, Nelke, 250 ml Wasser und Wein in einen Topf geben und aufkochen. Quittenspalten darin 3–5 Minuten bissfest garen. Früchte mit einer Schaumkelle abschöpfen und die Flüssigkeit 10 Minuten sirupartig einkochen lassen. Sirup wieder über die Quitten gießen und sofort in vorbereitete Gläser füllen und fest verschließen.

Rhabarberkompott

ZUTATEN

500 g Rhabarber, 100 g Zucker, 1 Päckchen Vanillinzucker

ZUBEREITUNG

Rhabarber putzen, jedoch nicht schälen. Stangen waschen, leicht trocken tupfen, in ca. 2 cm lange Stücke schneiden und mit Zucker bestreuen. Rhabarber Saft ziehen lassen, dann Vanillinzucker hinzufügen. Rhabarberstücke mit Saft in einen Topf geben und weich dünsten. Kompott noch heiß in gut ausgespülte Gläser füllen und verschließen.

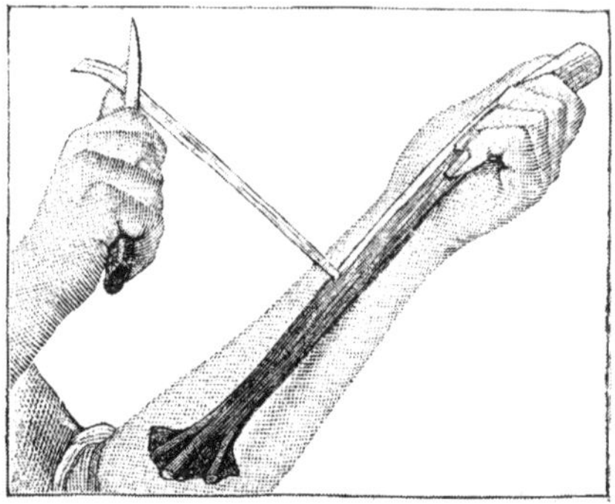

Rheinisches Apfelkraut

ZUTATEN

12 kg süße Äpfel, Zucker

ZUBEREITUNG

Äpfel waschen, vierteln, die Kerngehäuse entfernen. Fruchtfleisch klein schneiden und 10 kg abwiegen. Apfelstücke in 2 Portionen in einen Entsafter geben und jeweils ca. 1 Stunde entsaften. Gewonnenen Saft in einen großen Topf geben, evtl. mit Zucker abschmecken, zum Kochen bringen und zu einem dicken Sirup einkochen lassen. Apfelkraut noch heiß in gut gereinigte Gläser füllen und verschließen.

Rote Grütze

ZUTATEN

Je 125 g Rote Johannisbeeren, Schwarze Johannisbeeren, Erdbeeren und Himbeeren; 250 g Kirschen, 500 ml Kirschsaft, 50 g Speisestärke, 150 g Zucker, Mark von ½ Vanilleschote

ZUBEREITUNG

Beeren und Kirschen verlesen, waschen und gut abtropfen lassen. Speisestärke mit 5 EL Saft verrühren. Restlichen Kirschsaft aufkochen und mit Speisestärke-Saft-Mischung binden. Zucker und Vanillemark unterrühren, dann die

Früchte hinzufügen. 2 Minuten köcheln lassen. Anschließend kalt stellen.

Rotweinzwetschen

ZUTATEN

1 kg Zwetschen, 1/8 l Rotwein, 80 g Zucker, 1 Päckchen Vanillinzucker, 1 EL Zitronensaft, 1 Zimtstange, Nelken, Zwetschenwasser, Zimt, Koriander

ZUBEREITUNG

Zwetschen gründlich waschen und trocken tupfen. Früchte halbieren und Steine entfernen. Zwetschen mit Rotwein, Zucker, Vanillinzucker, Zitronensaft, Zimtstange und Nelken in einen Topf geben, zum Kochen bringen und ca. 10 Minuten weich kochen. Zimtstange und Nelken herausnehmen, Zwetschenkompott nach Geschmack mit Zwetschenwasser abschmecken, mit Zimtpulver und Koriander würzen. Noch heiß in gut ausgespülte Gläser füllen und verschließen.

Sauerkirschkompott

ZUTATEN

400 g TK-Sauerkirschen, 250 ml Sauerkirschsaft, 2 EL Zucker, ½ Zimtstange, etwas abgeriebene Zitronenschale (unbehandelt), 2 TL Speisestärke

ZUBEREITUNG

Sauerkirschen in eine Schale oder in ein Sieb geben und antauen lassen. 200 ml Kirschsaft mit Zucker, Zimtstange und Zitronenschale in einen Topf geben und langsam aufkochen lassen. Restlichen Kirschsaft mit Speisestärke glatt rühren. Dann in die kochende Saftmischung einrühren. Das Ganze auf mittlerer Stufe köcheln lassen, bis es gebunden ist. Angetaute Kirschen in den Sud geben und langsam aufkochen lassen. Ca. 3 Minuten sanft köcheln lassen. Kirschen vor dem Verzehr auskühlen lassen.

Schüttelkirschen

Zutaten

1 kg Sauerkirschen, ½ l Weinessig, 1 kg Zucker

Zubereitung

Die Sauerkirschen waschen, verlesen und entsteinen (nur frische und einwandfreie Früchte verwenden). Den Essig kurz erwärmen, lauwarm über die Kirschen gießen und 24 Stunden ruhen lassen. Die eingelegten Kirschen auf einem Sieb abtropfen lassen, mit dem Zucker gut vermengen und in Gläser einschichten. Mit Pergamentpapier gut verschließen, entweder mit einem Haushaltsgummi festbinden oder das Papier unter den Schraubverschluss wickeln. Damit sich die Früchte und der Zucker gut vermischen, müssen die Gläser täglich gut geschüttelt werden (daher der Name).

Omas Rat

Schüttelkirschen schmecken naturrein und sind gut geeignet zu Kuchen oder als Einlage zu Cremes.

Sherry-Kirschen

Zutaten

500 g Kirschen, 400 ml trockener Sherry, 175 g Zucker, 1 Vanilleschote

Zubereitung

2 fest verschließbare Gläser mit Bügelverschluss gründlich mit heißem Wasser und Spülmittel reinigen. Auf einem sauberen Küchentuch abtropfen lassen. Kirschen kalt waschen, in einem Sieb abtropfen lassen und nach Wunsch entsteinen. Sherry mit Zucker so lange verrühren, bis sich der Zucker vollständig aufgelöst hat. Kirschen in die vorbereiteten Gläser füllen. Die Vanilleschote halbieren und je 1 Hälfte zwischen die Kirschen stecken. Dann die Gläser mit dem gesüßten Sherry auffüllen. Die Gläser fest verschließen. Sherry-

Kirschen an einem trockenen und dunklen Ort ca. 1 Woche ziehen lassen.

Sommer-Kompott

ZUTATEN

150 g Zucker, 2 kleine Äpfel, 8 Aprikosen oder Pfirsiche, 250 g süße Kirschen, 250 g Stachelbeeren

ZUBEREITUNG

Den Zucker mit ½ l Wasser zusammen aufkochen, bis sich der Zucker gelöst hat. Äpfel klein schneiden und im Zuckerwasser gar kochen. Mit einem Sieblöffel herausnehmen und in einer Glasschale anrichten. Aprikosen oder Pfirsiche klein schneiden und ebenfalls im Zuckerwasser kochen. Herausnehmen und auf der Apfelmasse verteilen. Ebenso mit den Stachelbeeren und mit den Kirschen verfahren. Anschließend die Flüssigkeit im Topf noch etwas einkochen lassen, bis sie leicht dickflüssig ist. Die nun so schön mehrfarbig angerichteten Früchte langsam damit angießen. Abkühlen lassen und anschließend servieren.

Stachelbeer-Kaffee-Kompott

ZUTATEN

500 g Stachelbeeren, 140 g Zucker, ½ TL Kaffeepulver, ½ l Weißwein, 20 g Speisestärke

ZUBEREITUNG

Stachelbeeren waschen, trocken tupfen und mit Zucker, Kaffeepulver und Weißwein in einem Topf ca. 5 Minuten leise köcheln lassen. Speisestärke mit 2 EL Wasser verrühren, zu den Stachelbeeren geben, unter Rühren nochmals aufkochen lassen. Kompott in eine Glasschüssel füllen und kalt stellen.

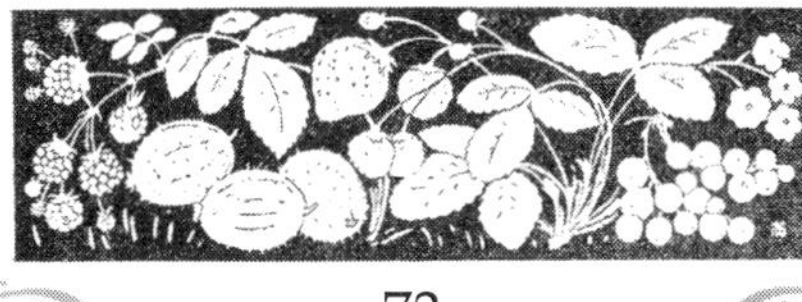

Herzhaft Eingelegtes

Artischocken in Öl

ZUTATEN

12 Baby-Artischocken, Salz, 3 unbehandelte Zitronen, 500 ml Olivenöl

ZUBEREITUNG

Artischocken waschen und in Hälften schneiden. Blattspitzen, Stiele und Heu aus der Mitte entfernen. In einem großen Topf reichlich gesalzenes Wasser zum Kochen bringen. 2 Zitronen auspressen und den Saft mit den Artischocken in das Wasser geben. 20 Minuten auf niedriger Stufe kochen lassen. Inzwischen 3 Twist-off-Gläser gut säubern und trocknen lassen. Restliche Zitrone unter heißem Wasser waschen, abtrocknen lassen und in Spalten teilen. Artischocken herausnehmen und gut abtropfen lassen. In die gereinigten Gläser geben, mit Olivenöl auffüllen und mit den Zitronenspalten bedecken. Gläser gut verschließen und dunkel und kühl aufbewahren.

Eingelegte Cornichons

ZUTATEN

2 kg Cornichons, 500 g Salz, 2 Knoblauchzehen, 1 kg Perlzwiebeln, 2 Bd. Thymian, Lorbeerblätter, 2 EL Pfefferkörner, 2 EL Senfkörner, 3 Nelken, 2 l Weißweinessig

ZUBEREITUNG

Gurken waschen, abreiben und Unebenheiten entfernen. In eine Schüssel füllen und mit Salz bestreuen. Gesalzene Gurken 1 Tag ziehen lassen. Gurken abspülen, trocken reiben und in Gläser füllen. Knoblauch schälen und in Stücke schneiden. In jedes Glas Knoblauch, abgezogene Perlzwiebeln, Thymianblätter, je 1 Lorbeerblatt, Pfeffer- und Senfkörner sowie Nelken geben. Essig angießen, Gläser verschließen und Gurken ca. 5 Wochen an einem kühlen, dunklen Ort stehen lassen.

Eingelegte Gewürzgurken

ZUTATEN

50 fingerlange Einleggurken, 50 g Salz, 60 g Perlzwiebeln, 10 g Pfefferkörner, 10 Nelken, 4 Lorbeerblätter, 2 Ingwerstücke, 1 Bd. Dill, 2 Stiele Estragon, 125 g Senfkörner; für den Gewürzgurkensud: 20 g Salz, ½ l Essig

ZUBEREITUNG

Gurken sauber bürsten, über Nacht einsalzen und danach gut abtrocknen. In einen Steintopf Gurken abwechselnd mit den Zutaten (außer den Senfkörnern) einschichten. ½ l Wasser, Salz und Essig aufkochen, dann erkalten lassen und Sud über die Gurken gießen. Senfkörner in einen kleinen Beutel einbinden (oder ein kleines Leinentuch) und als Abschluss obenauf legen. Nach 1 Woche den Sud abgießen, nochmals aufkochen und erkaltet über die Gurken geben. Anschließend den Topf gut verschließen und an einem kühlen Ort aufbewahren.

OMAS RAT

Den Saft von eingelegten Gurken sollte man nicht gleich weggießen. Man kann das Gurkenwasser noch gut für eine Salatmarinade verwenden. Für die Marinade können Sie es noch mit etwas Senf und klein gehacktem Dill nachwürzen.

Eingelegte Knoblauchzehen

ZUTATEN

1 kg Knoblauch, 700 ml Kräuteressig, 2–3 EL Zucker, 2 EL frischer Thymian, 2 TL Pfefferkörner, 1 TL Rosmarinnadeln,

2 Salbeiblätter, 1 Dolde Dillsamen, 1 TL getrocknetes Basilikum, abgeriebene Schale von 1 unbehandelten Zitrone, 3–4 EL Olivenöl

ZUBEREITUNG

Die Knoblauchzehen schälen. Kräuteressig und 300 ml Wasser in einen großen Topf gießen, Zucker, Kräuter und Gewürze dazugeben und alles erhitzen. Knoblauchzehen hineingeben und im Sud ca. 5 Minuten kochen lassen. Topf vom Herd nehmen. Olivenöl dazugießen. Knoblauchzehen mit einem Schaumlöffel abschöpfen, in kleine vorbereitete Gläser füllen und mit dem Sud auffüllen. Gläser fest verschließen und mindestens 4 Tage ruhen lassen.

Eingelegte Paprika

ZUTATEN

800 g rote und gelbe Paprika, 1 Zwiebel, Thymian, Oregano, Pfeffer, Einkochhilfe

ZUBEREITUNG

Backofen auf 95 Grad vorheizen. Paprikaschoten halbieren, Blütenansätze und Kerne entfernen, Schoten waschen. Zwiebel schälen und in Ringe schneiden. Paprika in Stücke schneiden und mit Zwiebel, Gewürzen und Pfeffer auf die Gläser verteilen. Anschließend in jedes Glas 1 Msp. Einkochhilfe geben.

Eingelegte Sardellen

ZUTATEN

20 Sardellen, 60 g Salz

ZUBEREITUNG

Twist-off-Gläser gut säubern und austropfen lassen. Köpfe und Schwänze der Sardellen abschneiden. Dann diese am Bauch der Länge nach aufschneiden, ausnehmen, in der Mitte auseinanderdrücken und von der Mittelgräte befreien. Sardellen filetieren. Dann diese kalt abwaschen und mit Küchenkrepp trocken tupfen. 1 l Wasser mit Salz vermischen. Sardellen in die Gläser füllen und mit der Salzlake auffüllen. Gläser gut verschließen und vor dem Servieren ca. 48 Stunden ziehen lassen.

Eingelegte Tomaten

ZUTATEN

500 g kleine Tomaten, 5 Knoblauchzehen, ¼ l Weißweinessig, 2 EL Zucker, 1 TL Salz, 1 grüne Pfefferschote, 1 EL Senfkör-

ner, 3 Lorbeerblätter, ½ Päckchen Einmachhilfe, Kräuter der Provence

ZUBEREITUNG

Tomaten waschen und die Stielansätze herausschneiden. Knoblauch schälen. Essig zusammen mit Knoblauch, Zucker, Salz, Pfefferschote, Senfkörnern und Lorbeerblättern in einen Topf geben und darin aufkochen. Topf vom Herd nehmen und die Einmachhilfe einrühren. Kräuter nach Geschmack mit den Tomaten in das Glas schichten. Mit Essigsud übergießen und abkühlen lassen. Mit Zellophan verschließen. Dunkel und kühl aufbewahren. Ergibt 1 Glas à 750 g.

Eingelegte Zucchini

ZUTATEN

1 kg Zucchini, 500 g Zwiebeln, 5 Knoblauchzehen, ¼ l Essig, 250 g Zucker, 1 EL Currypulver, 1 EL Paprikapulver edelsüß, 1 EL schwarzer Pfeffer (gemahlen), 1 EL mittelscharfer Senf

ZUBEREITUNG

Zucchini waschen, putzen und in Scheiben schneiden. Zwiebeln und Knoblauch schälen, Zwiebeln in Ringe schneiden und Knoblauch zerdrücken. Essig mit ½ l Wasser und Zucker aufkochen. Vorbereitetes Gemüse mit Gewürzen und Senf dazugeben, ca. 5–10 Minuten köcheln lassen und in vorbereitete Gläser abfüllen. Ergibt ca. 4 Gläser à 250 g.

Eingelegter Blumenkohl

Zutaten

1 große Zwiebel, 1 Bd. Dill, 1 Blumenkohl, 1 EL Senfkörner, 1 EL Salz, 1 ½ EL Zucker, 150 ml Essig

Zubereitung

Die Zwiebel in Ringe schneiden, Dill fein hacken. Den Blumenkohl in Röschen teilen und in 1 l Wasser 10 Minuten kochen. Das Kochwasser auffangen und mit Zwiebelringen, Dill, Senfkörnern, Salz, Zucker und Essig erneut aufkochen. Anschließend den Blumenkohl damit übergießen und kühl stellen.

Eingelegter Manchego

Zutaten

300 g Manchego, 1 Zweig Rosmarin, 2 Zweige Thymian, 1 frisches Lorbeerblatt, 1 Prise Chili d'Espelette, 300 ml Olivenöl

Zubereitung

Ein ausreichend großes Einweckglas gut mit heißem Wasser auswaschen und trocknen lassen. Manchego entrinden und in größere Würfel schneiden. Rosmarin und Thymian unter fließendem Wasser reinigen und trocken schütteln. Käse in das gut gereinigte Glas schichten. Rosmarin, Thymian und Lorbeerblatt hinzufügen und mit Chilipulver bestäuben. Manchego im Glas mit Olivenöl auffüllen.

Das Glas gut verschließen und an einem dunklen, kühlen Ort aufbewahren.

Eingelegtes Gemüseallerlei

ZUTATEN

100 g grüne Bohnen, 150 g Blumenkohl, 150 g Möhren, 150 g rote Paprikaschote, 100 g gelbe Paprikaschote, 100 g Perlzwiebeln, 150 g kleine Champignons, Salz, 500 ml Weißweinessig, 20 g Zucker, 1 EL gelbe Senfkörner, 1 EL schwarze Pfefferkörner

ZUBEREITUNG

Die grünen Bohnen waschen und die Enden abknipsen. Den Blumenkohl waschen und in Röschen zerteilen. Die Möhren schälen und in Scheiben schneiden. Die Paprikaschoten waschen, halbieren, Kerne entfernen und in Stücke schneiden. Die Perlzwiebeln abziehen und halbieren. Die Champignons putzen und mit einem feuchten Küchentuch abreiben. Die Bohnen, den Blumenkohl, die Pilze und die Perlzwiebeln in kochendem Salzwasser 3 Minuten blanchieren, kalt abschrecken und abtropfen lassen. Die Paprikaschoten salzen und ca. 20 Minuten ziehen lassen. Danach abtupfen. Den Essig mit dem Zucker, 4 EL Salz und ca. 150 ml Wasser aufkochen. Das Gemüse mit den Senf- und Pfefferkörnern in ein heiß ausgespültes Glas füllen. Mit dem Sud übergießen.

Eingelegtes Gemüse nach russischer Art

Zutaten

125 g Möhren, 125 g Chinakohl, 125 g Gurke, 125 g Paprika, 125 g Blumenkohl, 125 g Zwiebeln, 1 Bd. Dill, 1 Bd. Koriander, 150 g Salz, 50 g Zucker, 1 TL Essigessenz

Zubereitung

Das Gemüse putzen und waschen. Möhren stifteln, Chinakohl in Streifen, restliches Gemüse in Würfel schneiden. Zwiebeln in Ringe schneiden, Kräuter hacken. Gemüse abwechselnd mit Kräutern und Zwiebelringen in Gläser schichten. 2 l Wasser aufkochen, Salz und Zucker hinzugeben und die Gläser mit dem Gemüse damit randvoll auffüllen und 5 Minuten stehen lassen. Den Sud über ein Sieb in einen Topf geben. Essigessenz zum Gemüse ins Glas geben. Den Sud erneut aufkochen, die Gläser wieder randvoll befüllen und sofort mit dem Deckel verschließen. Die Gläser mit dem Deckel nach unten aufbewahren und kühl stellen.

Eingelegtes Möhren-Zwiebel-Gemüse

Zutaten

750 g Möhren, 500 g Zwiebeln, 100 g Zucker, 1 Bd. Kampfer, 1 Bd. Dill, 1 Bd. Schnittlauch, Pfeffer, 1 Zimtstange, 1 EL Wacholderbeeren, 250 ml Weißweinessig

Zubereitung

Möhren putzen, waschen und in feine Streifen schneiden. Zwiebeln schälen und in Ringe schneiden. Zucker in 100 ml Wasser einrühren und unter Rühren aufkochen, bis ein Sirup entsteht. Die Zwiebeln bei mittlerer Hitze 5 Minuten im Sirup unter Rühren schmoren. Möhrenstreifen hinzugeben und weitere 5 Minuten unter Rühren garen. Kräuter verlesen, waschen, abtropfen lassen und grob hacken. Anschließend mit Pfeffer, Zimtstange und Wacholderbeeren mischen. Essig mit 125 ml Wasser mischen und die Kräuter-Gewürz-Mischung hineingeben. 5 Minuten kochen lassen, danach kühl stellen. In Gläser abfüllen und mindestens 2 Tage ziehen lassen.

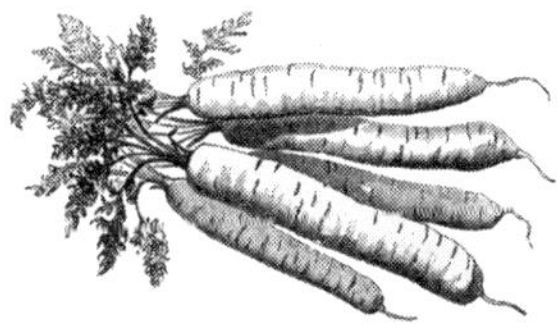

Eingemachte grüne Bohnen

ZUTATEN

2 kg grüne Bohnen, 3 Knoblauchzehen, 3 Bd. Bohnenkraut, 2 TL Cayennepfeffer, 2 TL Senfkörner, 100 g Salz, 1 l Obstessig

ZUBEREITUNG

Bohnen abfädeln, waschen, Knoblauchzehen schälen und klein schneiden. Bohnenkraut waschen und ebenfalls klein schneiden. Vorbereitete Zutaten, Cayennepfeffer und Senfkörner auf bereitgestellte Einmachgläser verteilen. 1 l Wasser, Salz und Essig zum Kochen bringen. Flüssigkeit über die Bohnen gießen. Gläser verschließen und so in die ca. 1 cm hoch mit Wasser gefüllte Fettschale des Backofens stellen, dass sie sich nicht berühren. In den auf 200 Grad vorgeheizten Backofen schieben. Nach ca. 1 Stunde, wenn Luftbläschen vom Boden der Gläser aufsteigen, Temperatur auf ca. 130 Grad zurückstellen und Gemüse ca. 90 Minuten einkochen lassen. Nach Beendigung der Einkochzeit Gläser mit dem Einmachgut sofort aus dem heißen Wasser nehmen. Gläser mit Küchenhandtüchern abgedeckt erkalten lassen. Bohnen kühl aufbewahren.

Eingemachter Rotkohl

ZUTATEN

1 kg Rotkohl, 1 EL Salz, 500 ml Rotweinessig, 250 g Zucker, 10 Lorbeerblätter, 10 Pfefferkörner, 3 Gewürznelken

ZUBEREITUNG

Rotkohl putzen, waschen und raspeln. Anschließend mit dem Salz mischen und 24 Stunden ziehen lassen. Das ausgetretene Wasser abschütten, den Rotkohl abtropfen lassen, mit dem Essig und den Gewürzen mischen und in Einmachgläser schichten. Im Backofen bei 180 Grad 70 Minuten backen. Anschließend kühl stellen.

Essigpilze

ZUTATEN

1 kg frische Pilze, Salz, ½ l Weinessig, 3 EL Zucker, 2 Lorbeerblätter, 12 weiße Pfefferkörner, 1 EL Senfkörner

ZUBEREITUNG

Pilze putzen, die größeren halbieren oder vierteln, die kleineren ganz lassen. In einem abgedeckten Topf mit leicht gesalzenem Wasser ca. 10 Minuten kochen. Pilze in ein Sieb schütten und abtropfen lassen. Essig mit ¼ l Wasser, Zucker, Salz, Lorbeerblättern, Pfeffer- und Senfkörnern erhitzen und das Ganze so lange kochen, bis sich der Zucker aufgelöst hat. Abgetropfte Pilze in Gläser geben, heißen Sud darübergießen und sofort verschließen. Ergibt 4 Gläser à 250 g.

Frischkäsebällchen in Olivenöl

ZUTATEN

100 g Fetakäse, 400 g Doppelrahmfrischkäse, 1 TL Zitronensaft, 2 Knoblauchzehen, Salz, ½ TL schwarzer Pfeffer, grob gemahlen, ½ TL scharfe Paprikaflocken, 2 Msp. Kreuzkümmel, 1 TL Paprikapulver edelsüß, 1 Msp. gemahlenes Piment, 375 ml Olivenöl, 1 kleiner Zweig Rosmarin, 1 Lorbeerblatt, ½ TL Pfefferkörner, 2 Streifen Zitronenschale (unbehandelt), Olivenöl für die Hände

Zubereitung

Feta mit einer Gabel zerdrücken. Mit Frischkäse und Zitronensaft in einer Schüssel gut vermengen. Knoblauchzehen abziehen und pressen. 1 TL Salz, Pfeffer, Paprikaflocken, Kreuzkümmel, Paprikapulver und Piment zur Frischkäse-Feta-Mischung geben und das Ganze gründlich vermischen. Frischkäse-Feta-Mischung mit einem Deckel für 1 Stunde kühl stellen. Olivenöl in ein weites Glas füllen. Rosmarin waschen, trocken schütteln und zusammen mit Lorbeerblatt, Pfefferkörnern und Zitronenschale in das Öl geben. Mit einem nassen kleinen Löffel kleine Portionen von der Frischkäsemasse nehmen und mit eingeölten Händen zu kleinen Bällchen rollen. Vorsichtig in das Öl legen und das Glas gut verschließen. An einen kühlen Ort stellen, hierfür eignet sich jedoch nicht der Kühlschrank, und 2 Tage ziehen lassen.

Gelee mit Kräuterallerlei

Zutaten

1½ kg Tomaten, Saft von 2 Zitronen, ⅛ l Kräuteressig, verschiedene frische Kräuter wie Thymian, Rosmarin, Kerbel, 2 Lorbeerblätter, 1 kg Gelierzucker, einige frische Zweige Rosmarin

Zubereitung

Tomaten waschen und grob zerschneiden, in einen Kochtopf legen und mit Zitronensaft, Kräuteressig und ca. ⅛ l Wasser begießen. Frische Kräuter und zerdrückte Lorbeerblätter einlegen. Das Ganze zum Kochen bringen und ca. 10 Minuten leise köcheln lassen. Den Topfinhalt über ein Sieb, ausgelegt mit einem Tuch, geben. Es dauert einige Stunden, bis der Saft durchgelaufen ist. Tomatensaft mit Gelierzucker vermischen und aufkochen. Weitere 4 Minuten bei ständigem Rühren aufwallen lassen. In jedes bereitgestellte sterile Glas einen frischen Rosmarinzweig legen. Anschließend mit gekochtem Gelee auffüllen.

Gemischtes Salzgemüse

ZUTATEN

250 g Möhren, 250 g Petersilienwurzel, 500 g Lauch, 500 g Knollensellerie, 500 g Tomaten, 300 g Salz

ZUBEREITUNG

Das Gemüse putzen, waschen und fein würfeln. Mit dem Salz vermischen und mindestens 2 Tage durchziehen lassen.

Gemüse, milchsauer eingelegt

ZUTATEN

Für die Möhren und den Weißkohl: 1 kg Möhren, 1 kg Weißkohl, 1 säuerlicher Apfel (z. B. Granny Smith), 1 EL Kümmelsamen, 1 EL Pfefferkörner, ½ EL Pimentkörner, 400 ml Molke, 30 g Salz

Für die Rote Bete und grünen Bohnen: 1 kg Rote Bete, 1 kg grüne Bohnen, 2 Knoblauchzehen, 4 EL Senfkörner, 1 EL Pfefferkörner, 400 ml Molke, 30 g Salz

ZUBEREITUNG

Die Möhren schälen und grob raspeln. Den Weißkohl putzen, vierteln, von dem harten Strunk befreien und in feine Streifen schneiden. Den Apfel schälen, vierteln, von dem Kerngehäuse befreien und mit dem Kohl mischen. Die Hälfte der Möhren sowie die Hälfte des Weißkohls in 2 verschiedene Gärtöpfe (oder Einmachgläser) geben und anstampfen. Die Gewürze mit der Molke und dem Salz mischen, zu dem Gemüse geben und das restliche Gemüse darüberschichten. Erneut kräftig stampfen, sodass das Gemüse von dem entste-

henden Saft bedeckt ist. Falls nötig, noch etwas Salzlake zugeben. Die Rinne des Gartopfes mit Wasser befüllen und mit dem Deckel bedecken. 2–3 Tage bei 20–24 Grad stehen lassen. Dann den Deckel entfernen, die Steine abwaschen und die fehlende Flüssigkeit nachgießen.
Erneut abdecken und für weitere 4–6 Wochen stehen lassen. Danach ist das Gemüse verzehrbar. Mit den grünen Bohnen und der Roten Bete ebenso verfahren, jedoch auf das Stampfen verzichten.

Gewürzgurken

ZUTATEN

1 kg kleine Gürkchen, Salz, 100 g Perlzwiebeln, 375 ml Weißweinessig, 75 g Zucker, 6 Pimentkörner, 3 Lorbeerblätter, 3 Gewürznelken, 1 EL Pfefferkörner, 1 TL Senfsaat

ZUBEREITUNG

Gurken gut mit warmem Wasser waschen. In einen Topf oder eine Schüssel geben und 1 l Wasser sowie 75 g Salz dazugeben. Durchrühren und abdecken. 12 Stunden ziehen lassen. 3 fest verschließbare Gläser gründlich mit heißem Wasser und Spülmittel reinigen und trocknen lassen. Nach Ende der Ziehzeit das Salzwasser der Gurken abgießen. Die Gurken noch einmal gründlich waschen. Die Perlzwiebeln schälen. Essig mit Zucker, Piment, Lorbeer, Gewürznelken, Pfefferkörnern und Senfsaat in einen Topf geben. Zwiebeln zufügen und das Ganze zum Kochen bringen. Die Zwiebeln aus dem Sud heben. Gurken zusammen mit den Zwiebeln in die vorbereiteten Gläser geben. Mit dem heißen Sud aufgießen und die Gläser fest verschließen. Eingelegte Gurken abkühlen lassen. Bis zum Verzehr mindestens 1 Woche an einem dunklen und kühlen Ort ziehen lassen.

Grüne Tomatenkonfitüre

ZUTATEN

1 kg grüne Tomaten, 1 Vanilleschote, 500 g Gelierzucker 2:1, 80 ml Weißweinessig

ZUBEREITUNG

Die Tomaten brühen, abschrecken, häuten, vierteln und grob teilen. Die Vanilleschote längs halbieren und mit dem Zucker, den Tomaten und dem Essig in einem Topf unter Rühren zum Kochen bringen. Ca. 4 Minuten sprudelnd kochen lassen, in gut ausgespülte Gläser füllen und fest verschließen. Dann 10 Minuten auf den Kopf stellen und abkühlen lassen. Die Gläser wieder umdrehen und vollständig auskühlen lassen.

Gurken-Pickles mit Schalotten

ZUTATEN

700 g Salatgurken, 300 g Schalotten, ¾ l Weißweinessig, ¼ l Weißwein, 5 Gewürznelken, 5 Lorbeerblätter, 1 EL Pfefferkörner, 5 Wacholderbeeren, 2 Zimtstangen, 500 g Gelierzucker

ZUBEREITUNG

Geschälte Gurken der Länge nach durchschneiden, Kerne mit einem Löffel herausschaben. Gurken in 1 cm breite Stücke schneiden. Schalotten schälen. Essig, Weißwein und Gewürze 10 Minuten kochen lassen. Schalotten zufügen und 5–8 Minuten kochen lassen. Gelierzucker und Gurkenstücke unterrühren und alles weitere 3–5 Minuten kochen lassen. Heiß in Gläser füllen und sofort verschließen.

Hochzeits-Pickle

ZUTATEN

120 g getrocknete Aprikosen, 75 g getrocknete Datteln, 40 g Rosinen, 150 ml Weißweinessig, 30 ml trockener Weißwein, 400 g Möhren, 300 g Zucker, 60 g frischer Ingwer, 4–5 getrocknete Chilischoten, 5 grüne Kardamomkapseln, 1 gestr. TL

Kreuzkümmelsamen, 1 gestr. TL Koriandersamen, 2 TL Garam Masala, Salz

ZUBEREITUNG

Datteln halbieren, entkernen und klein würfeln. Mit den Rosinen in eine Schüssel geben. 50 ml Essig mit dem Wein und ca. 250 ml Wasser mischen und über die Trockenfrüchte gießen. Die Früchte abgedeckt über Nacht einweichen und gut durchziehen lassen. Dann die Möhren schälen und grob raspeln. Mit übrigem Essig und dem Zucker in einen Topf geben, gut vermengen und ca. 20 Minuten ziehen lassen. In der Zwischenzeit Ingwer schälen und fein hacken. Die Hälfte davon mit den zerbröselten Chilis und den Möhren vermengen. Die Kardamomkapseln mit dem Messerrücken quetschen, öffnen und die Samen herauskratzen. Kardamomsamen mit Kreuzkümmel und Koriander grob zermörsern. Ebenfalls unter die Möhren mischen und unter Rühren aufkochen lassen, dabei den Zucker auflösen. Hitze herunterschalten und 1 TL Garam Masala mit etwas Salz dazugeben und verrühren. Weitere 45 Minuten abgedeckt auf kleiner Stufe köcheln lassen, dabei gelegentlich umrühren.

Anschließend die eingeweichten Früchte und den übrigen Ingwer hinzufügen und gut verrühren. Mit übrigem Garam Masala und nach Belieben etwas Salz abschmecken. Erneut abgedeckt 30–40 Minuten kochen lassen. Dabei oftmals umrühren, damit das Pickle nicht anbrennt. Sobald die Masse dickflüssig ist, ist das Pickle fertig. 3 Twist-off-Gläser gut säubern und austrocknen lassen. Rasch die Gläser damit befüllen und verschließen. Für 10 Minuten auf den Kopf stellen, anschließend wieder umdrehen und erkalten lassen.

In Öl eingelegte Pilze

ZUTATEN

600 g Champignons, 4 Knoblauchzehen, 700 ml Olivenöl, 3 Lorbeerblätter, Zesten von 1 unbehandelten Zitrone, 1 EL ganze weiße Pfefferkörner

ZUBEREITUNG

Pilzstiele kürzen. Pilze mit Küchenpapier trocken abreiben, nicht waschen. Knoblauchzehen abziehen und halbieren. 4 Twist-off-Gläser gründlich säubern und trocknen lassen. Olivenöl in einen Topf geben und mit Lorbeerblättern, Zitronenschale und Knoblauchzehen auf ca. 120 Grad erhitzen. Pilze und Pfefferkörner hinzufügen und unterrühren. Dann rasch in die gut gereinigten Gläser umfüllen. Gut verschließen und erkalten lassen. An einem dunklen, kühlen Ort lagern.

Italienische Senffrüchte

ZUTATEN

2 kg Früchte (z. B. Äpfel, Birnen, Aprikosen, Pfirsiche, Orangen, Ananas, Melone), Salz, 1½ kg Zucker, 250 ml Weißweinessig, 200 g helles Senfmehl

ZUBEREITUNG

Äpfel und Birnen schälen, in Viertel schneiden, die Kerne entfernen und in Salzwasser legen, damit sie hell bleiben und nicht oxidieren. Aprikosen und Pfirsiche kurz mit kochendem Wasser überbrühen, abschrecken, häuten, halbieren und die Steine entfernen. Alle Früchte in gleich große Stücke (ca.

3 cm) schneiden. Zitrusfrüchte in Scheiben schneiden. 250 ml Wasser, Zucker und Essig auf mittlerer Stufe zum Kochen bringen. Früchte getrennt hineingeben und glasig garen. Die fertigen Früchte mit der Schöpfkelle entnehmen, in ein Sieb geben und abtropfen lassen. Noch warm in gereinigte Gläser geben, dabei entweder die einzelnen Fruchtsorten mischen oder getrennt aufschichten. Den Sud im Topf auf starker Stufe 10 Minuten kochen. Dann vom Herd ziehen und abkühlen lassen. Senfmehl mit etwas Sirup zu einer glatten Paste vermischen. Restlichen Sirup langsam unter Rühren hinzufügen, damit sich keine Klümpchen bilden. Das Ganze würzig abschmecken. Je mehr Senfmehl hinzugefügt wird, desto schärfer werden die Früchte. Früchte mit Sirup bedecken. Gläser verschließen und dunkel lagern, damit die Früchte nicht an Farbe verlieren.

Kandierter Meerrettich

ZUTATEN

300 g Meerrettich, 5 EL Weißweinessig, 1 rote Chilischote, 225 g Zucker, 1 EL Senfkörner

ZUBEREITUNG

Den Meerrettich schälen und in Stifte schneiden. 1 l Wasser mit dem Essig in einem Topf zum Kochen bringen, den Meerrettich zugeben und ca. 5 Minuten köcheln lassen. Zwischenzeitlich die Chilischote waschen und in Ringe schneiden.

Den Meerrettich aus dem Essigwasser nehmen und abtropfen lassen. 300 ml Wasser mit dem Zucker, der Chilischote und den Senfkörnern erhitzen, die Meerrettichstifte einlegen und 20–25 Minuten bei schwacher Hitze köcheln lassen. Dann den Meerrettich in ein Glas füllen, mit dem Sud begießen, verschließen und auskühlen lassen. Ca. 6 Monate haltbar.

Knoblauchgurken auf würzige Art

ZUTATEN

2 rote Paprikaschoten, 1 ½ kg kleine Gurken, 200 g rote Zwiebeln, 16 Knoblauchzehen, 1 l Weinessig (6 %), 400 g Zucker, 4 EL Salz, 1 EL Senfkörner, ½ Päckchen Gurkengewürz, 1 Päckchen Einmachhilfe

ZUBEREITUNG

Paprikaschoten halbieren, putzen und mit den Gurken gründlich waschen. Zwiebeln und Knoblauch abziehen. Knoblauch halbieren, Zwiebeln in Spalten, Gurken in Scheiben und Paprikaschoten in Würfel schneiden. Essig zum Kochen bringen, Zucker, Salz, Senfkörner sowie Gurkengewürz dazugeben, das Gemüse kurz darin blanchieren, herausnehmen und anschließend in vorbereitete Gläser schichten. Einmachhilfe in das Essigwasser einstreuen, auflösen und über das Gemüse gießen, bis es bedeckt ist. Die Gläser gut verschließen und ca. 1 Woche an einem kühlen Ort ziehen lassen. Ergibt 3 Gläser à 1 kg.

Kürbis süßsauer

ZUTATEN

½ l Weißweinessig, 4 Knoblauchzehen, 500 g Zucker, 2 TL rosa Pfefferkörner, 1 TL Senfkörner, 3 Lorbeerblätter, 3 EL Salz, 1 kg Kürbis, 1 kg Perlzwiebeln, 1 Bd. Thymian

ZUBEREITUNG

Essig und ½ l Wasser in einem Topf zum Kochen bringen. Knoblauchzehen abziehen, halbieren, zusammen mit Zucker und Gewürzen in das Essigwasser geben und nochmals aufkochen lassen. Kürbis halbieren, Kerne und Fasern entfernen. Fruchtfleisch mit einem Kugelausstecher herauslösen. Zwiebeln schälen, Thymian waschen und beides mit Kürbiskugeln in vorbereitete, dekorative Gläser füllen. Kräuteraufguss noch heiß darübergießen, Gläser fest verschließen, zum Abkühlen auf den Kopf stellen und ca. 2 Wochen an einem kühlen, dunklen Ort durchziehen lassen. Ergibt 5 Gläser.

Marinierte Heringe

ZUTATEN

8 Salzheringe, 4 rote Zwiebeln, 1 saure Gurke, ½ Bd. frischer Dill, 2 Zweige Estragon, 125 ml Essig, 2 Lorbeerblätter, 2 TL bunte Pfefferkörner, ½ TL Zucker, 4 Nelken

ZUBEREITUNG

Heringe ca. 15 Stunden in reichlich Wasser wässern. Anschließend das Wasser abgießen, Heringe säubern und in Stücke schneiden. Zwiebeln schälen und in Ringe schneiden. Gurke in Scheiben schneiden. Dill und Estragon kalt abbrausen, trocken schütteln und ohne grobe Stielenden fein hacken. Mit den Heringsstücken vermengen. Essig, Lorbeerblätter, Pfefferkörner, Zucker und Nelken mit 125 ml Wasser aufkochen. Danach beiseitestellen und den Sud erkalten lassen. Fest verschließbare Gläser gründlich reinigen und gut trocknen. Heringe in die Gläser geben, mit der Marinade begießen. Fest verschließen und im Kühlschrank vor dem Servieren mindestens 24 Stunden marinieren lassen.

Marinierte Paprikaschoten

ZUTATEN

Je 3 rote und gelbe Paprikaschoten, Salz, Pfeffer, 4 Knoblauchzehen, ca. 500 ml Olivenöl

ZUBEREITUNG

2 Gläser gut säubern und austrocknen lassen. Den Backofen auf 230 Grad vorheizen. Paprikaschoten halbieren, Kerne und weiße Innenhäute entfernen. Paprika waschen, trocken tupfen und nochmals halbieren. Paprikastücke mit dem Fruchtfleisch nach unten auf ein mit Backpapier belegtes Blech legen und im Ofen grillen, bis die Haut beginnt, Blasen zu werfen und dunkel zu werden. Anschließend Paprikastücke aus dem Ofen nehmen. Die Haut der Paprika mit feuchtem Küchenpapier bedecken und vorsichtig abziehen. Paprikaschoten mit Salz und Pfeffer würzen. Nach Belieben jeweils die Paprikastücke nochmals kleiner schneiden. Knoblauch schälen und grob hacken. Mit den Paprikaschoten in die Gläser füllen und mit Olivenöl auffüllen. 3–4 Tage an einem kühlen und dunklen Ort ziehen lassen.

Marinierte Pilze

ZUTATEN

500 g kleine braune Champignons, 2 Knoblauchzehen, 2 EL Olivenöl, ½ TL Thymian, 1 EL Akazienhonig, 2 EL Crema di Balsamico, 200 ml Gemüsebrühe

ZUBEREITUNG

Ein großes, gut verschließbares Glas mit heißem Wasser auswaschen und abtropfen lassen. Pilze putzen. Knoblauchzehen schälen und in Scheiben schneiden. Olivenöl in einer Pfanne erhitzen. Pilze und Knoblauch hinzufügen und Thymian dazugeben. Das Ganze 2–3 Minuten braten. Honig und Crema di Balsamico unterrühren. Pilze mit Gemüsebrühe ablöschen und alles 5 Minuten köcheln lassen. Dann in das gut gereinigte Glas füllen und verschließen. Erkalten lassen und anschließend an einem kühlen Ort aufbewahren.

Marinierte Tomaten

ZUTATEN

1 kg kleine aromatische Strauchtomaten, 1 großes Bd. Basilikum, 1 TL schwarze Pfefferkörner, 10 g Salz

ZUBEREITUNG

4 Twist-off-Gläser gründlich säubern und trocknen lassen. Tomaten waschen und grüne Stielansätze mit einem Messer entfernen. Mit kochend heißem Wasser überbrühen und häuten. Basilikumblättchen abzupfen und mit Küchenkrepp vorsichtig säubern. Tomaten, Basilikumblättchen und schwarze Pfefferkörner schichtweise bis 2 cm unter den Rand in die Gläser füllen. 1 l Wasser mit Salz in einem Topf aufkochen und die Gläser damit befüllen, bis sie voll sind. Gut verschließen und die Tomaten 30 Minuten bei 90 Grad im Backofen oder in einem großen Topf pasteurisieren.

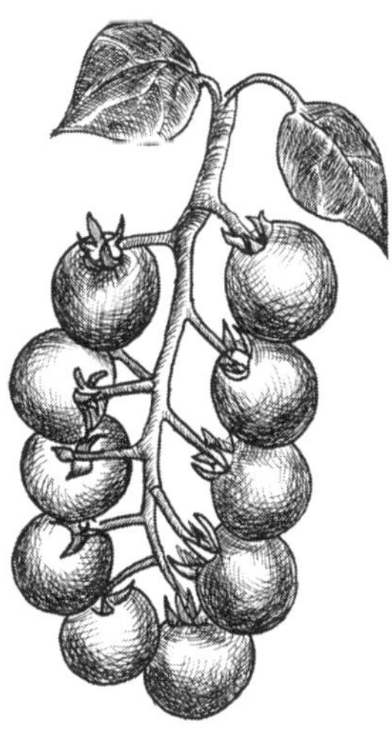

Mixed Pickles

ZUTATEN

2½ kg kleine Gurken, 105 g Salz, 500 g Möhren, 750 g Blumenkohl, 500 g Perlzwiebeln, 1½ l Weinessig, 375 g weißer Kandis, 1–2 EL Gurkengewürz

ZUBEREITUNG

Gurken mit 100 g Salz bestreuen und mit kaltem Wasser übergießen. Ca. 12 Stunden stehen lassen. Möhren schälen, in 2 cm dicke Scheiben schneiden und in kochendes Salzwasser geben, halb gar kochen. Blumenkohl putzen, in Röschen teilen und kurz überbrühen. Gurken waschen, abreiben und mit den abgezogenen Perlzwiebeln, Blumenkohl und Möhren in Gläser schichten.

Essig, 1 l Wasser und Kandis aufkochen. 1–2 EL Gurkengewürz in Gläser geben und die Essig-Zucker-Lösung darübergießen. Sofort verschließen und kalt stellen.

Möhrengelee

ZUTATEN

1 l Möhrensaft, Saft von ½ Zitrone, 1 Prise Zimtpulver, 600 g Gelierzucker 2:1

ZUBEREITUNG

Den Möhrensaft mit Zitronensaft, Zimt und dem Zucker mischen und in einem Topf zum Kochen bringen. Ca. 4 Minuten sprudelnd kochen lassen, in gut ausgespülte Einmachgläser füllen, fest verschließen und für 10 Minuten auf den Kopf stellen. Die Gläser wieder umdrehen und vollständig auskühlen lassen. Das Gelee kühl und dunkel lagern.

Möhren-Honig-Konfitüre

ZUTATEN

1 kg Möhren, 500 ml Orangensaft, 200 g Ananasfruchtfleisch, 500 g Honig, 250 g Gelierzucker 2:1

ZUBEREITUNG

Die Möhren schälen, klein würfeln und mit dem Orangensaft in einem Topf zum Kochen bringen. Bei mittlerer Hitze ca. 15 Minuten köcheln lassen und dann mit einem Schneidestab fein pürieren. Das Ananasfruchtfleisch in kleine, schmale Scheiben schneiden. Dann mit dem Honig und dem Gelierzucker unter die Möhren mischen und erneut zum Kochen bringen. 4 Minuten sprudelnd kochen lassen und in gut ausgespülte Gläser füllen. Diese gut verschließen und 10 Minuten auf den Kopf stellen. Wieder umdrehen und vollständig erkalten lassen.

Pflaumen süßsauer

ZUTATEN

2 kg Pflaumen, 500 g Zucker, 500 ml Rotweinessig, 2 Stangen Zimt, 6 Nelken, 200 g frischer Ingwer, 50 g rote scharfe Pfefferschoten, abgeriebene Schale von 1 unbehandelten Zitrone

ZUBEREITUNG

Pflaumen waschen, die Stiele entfernen, trocken reiben und die Kerne entfernen, dabei der Länge nach einscheiden. Dann Pflaumen in einen tiefen Topf geben. 250 ml Wasser, Zucker, Essig, Zimt und Nelken aufkochen. Ingwer schalen und in kleine Scheiben schneiden. Die Pfefferschoten von den Kernen befreien und in dünne Ringe schneiden. Ingwer, Zitronenschale und die Pfefferschoten in den Sud geben und einmal aufkochen. Das Ganze über die Pflaumen gießen. Pflaumen mit einem Teller zudecken, mit einem Gewicht beschweren und über Nacht kühl stellen.

Am nächsten Tag in ein Sieb geben. Aufgefangenen Saft aufkochen lassen, die Pflaumen in Gläser geben. Zu große Gewürze entfernen. Aufguss nachwürzen, wenn er noch nicht süßsauer schmeckt. Den Aufguss kochend heiß über die Pflaumen gießen, bis sie ganz bedeckt sind. Gläser gut verschließen.

Prinzessbohnen süßsauer

ZUTATEN

1 kg Prinzessbohnen, 1 EL Salz, 350 g Zucker, 1 Stange Zimt, 3 Gewürznelken, Pfeffer, ¼ l Weißweinessig

ZUBEREITUNG

Die Bohnen putzen und waschen. In kochendem Salzwasser 5 Minuten blanchieren, anschließend kurz in Eiswasser tauchen und abtropfen lassen. Den Zucker in 250 ml Wasser einrühren und erhitzen. Zucker, Zimt, Gewürznelken, Pfeffer und Essig hinzufügen. So lange einkochen lassen, bis ca. 500 ml übrig bleiben. Die Bohnen in heiß ausgespülte Einmachgläser füllen und mit dem Gewürz-Essig-Sud übergießen. Die Gläser mindestens 1 Stunde lang einkochen lassen.

Rote Bete eingelegt

ZUTATEN

1 kg Rote Bete, Salz, 2 Äpfel, 3 Zwiebeln, 10 Pfefferkörner, 6 Gewürznelken, 1 Lorbeerblatt, ¾ l Weinessig, 80 g Zucker, 1 Stück Meerrettich

ZUBEREITUNG

Wurzeln und Blätter der Roten Bete bis auf 2 cm abschneiden, Knollen bürsten und in 2 l kochendem Salzwasser bei schwacher Hitze 80 Minuten garen. Dann herausnehmen, abschrecken, schälen und in dünne Scheiben schneiden. Äpfel und Zwiebeln schälen, Äpfel entkernen, beides würfeln. Rote Bete mit Äpfeln und Zwiebeln in Einmachgläser schichten, Gewürze dazugeben. ½ l Wasser, Essig, Zucker und Salz aufkochen und heiß darübergießen. Abkühlen lassen, einige dünne Scheiben Meerrettich dazulegen und Gläser verschließen.

Sauerkraut

ZUTATEN

6 kg Weißkohl, 100 g Salz

ZUBEREITUNG

Weißkohlköpfe von welken Blättern befreien, halbieren, vierteln und mit einem scharfen Messer in feine Streifen schneiden, dabei Strunk wegwerfen. Kohlstreifen abwechselnd mit Salz in einem sauberen Steintopf einstampfen, sodass bei jeder Lage Flüssigkeit austritt. Topf mit einem Tuch sowie einem Holzbrett bedecken. Mit einem Stein beschweren und an einem kühlen Ort 4–6 Wochen gären lassen. Anschließend weiterverwenden.

Scharfer Kürbis

ZUTATEN

750 g Kürbis, 250 g Zucker, 2 Knoblauchzehen, 180 ml Weißweinessig, 5 Chilischoten, 1 TL rosa Pfeffer, Salz

ZUBEREITUNG

Kürbis schälen und entkernen. Fruchtfleisch in ca. 2 cm große Stücke schneiden und mit Zucker vermischen. Das Ganze ca. 3 Stunden ziehen lassen. Knoblauch abziehen und in dünne Scheiben schneiden. Essig mit 500 ml Wasser, Knoblauch, Chilischoten und rosa Pfeffer in einen Topf geben und aufkochen. Kürbis dazugeben und in ca. 8 Minuten bissfest garen. 2 Twist-off-Gläser sterilisieren. Kürbisstücke aus dem Essig-Gewürz-Sud nehmen und in die Gläser füllen. Sud nochmals aufkochen und mit Salz abschmecken. Noch heiß über den Kürbis gießen und die Gläser sofort fest verschließen. Auf den Kopf stellen und mindestens 24 Stunden durchziehen lassen.

Scharfe Überraschungszwiebeln

ZUTATEN

4 Gemüsezwiebeln, 15 g frischer Ingwer, 3 Knoblauchzehen, 1 kleine Chilischote, 600 ml Kräuteressig, 1/8 l trockener Weißwein, 250 g Zucker, 1 EL schwarze Pfefferkörner, 1 EL Senfkörner, 1 TL Salz, 2 Lorbeerblätter

ZUBEREITUNG

Die Gemüsezwiebeln schälen und in ca. ½ cm dicke Scheiben schneiden. Ingwer sowie Knoblauch schälen, Chilischote waschen, entkernen und alles in Scheiben bzw. Ringe schneiden. Abwechselnd mit den Zwiebelringen in vorbereitete Gläser schichten. Kräuteressig, 600 ml Wasser, Wein, Zucker, Pfefferkörner, Senfkörner, Salz und Lorbeerblätter in einen Topf geben und ca. 10 Minuten einkochen. Aufguss auf die Zwiebeln gießen und Gläser verschließen. Wasser in eine Fettpfanne gießen, Gläser hineinstellen und ca. 25 Minuten im Backofen bei 220 Grad einkochen. Danach die Gläser vorsichtig herausnehmen und abkühlen lassen. Nach Wunsch beispielsweise mit Bast und Peperoni kreativ verpacken. Ergibt 4 Gläser à 500 g.

Senfgurken

ZUTATEN

2½ kg Senfgurken, 3 EL Salz, 2 Bd. frischer Dill, ¼ l Weinessig, 400 g Zucker, 3 EL Senfkörner, 1 Päckchen Einmachhilfe

ZUBEREITUNG

Gurken schälen, die Hälfte der Länge nach durchschneiden und Kerne herauskratzen. Gurkenhälften in 2–3 cm große Stücke schneiden. Restliche Gurken in Scheiben schneiden. Gurkenstücke und -scheiben jeweils mit 2 EL Salz bestreuen und mit Wasser bedecken. Ca. 24 Stunden an einem kühlen Ort ziehen lassen, herausnehmen, abspülen und trocken tupfen. Abwechselnd Gurken und Dillzweige in vorbereitete Gläser schichten. Essig mit 250 ml Wasser, Zucker, restlichem Salz und Senfkörnern aufkochen, vom Herd nehmen, Einmachhilfe unterrühren und Aufguss über die Gurken gießen. Gläser gut verschließen und die Gurken an einem kühlen Ort ca. 4 Wochen durchziehen lassen. Ergibt 4 Gläser à ca. 1 kg.

Süßsauer eingelegte Auberginen

ZUTATEN

2 kg feste Auberginen, 2 Knoblauchzehen, 75 g Salz, ¾ l Weißweinessig, 200 g Zucker, 2 EL weiße Pfefferkörner, 2 Lorbeerblätter, 1 unbehandelte Zitrone

ZUBEREITUNG

Auberginen waschen und in fingerdicke lange Streifen schneiden. Knoblauchzehen schälen und durch eine Presse drücken. Die Auberginenstreifen mit durchgepresstem Knoblauch in eine Schüssel geben, mit Salz bestreuen und über Nacht durchziehen lassen. Essig mit 250 ml Wasser, Zucker und Gewürzen aufkochen und 5 Minuten köcheln, dann auskühlen lassen. Auberginen abtropfen lassen und trocken tupfen. Von der Zitrone Schale dünn abschälen und in Streifen schneiden, Saft auspressen. Auberginen in die vorbereiteten Gläser schichten. Zitronenschale hinzufügen. Sud mit Zitronensaft nochmals aufkochen lassen, mit Gewürzen auf den Auberginen verteilen, Gläser fest verschließen und mindestens 3–4 Tage ziehen lassen.

Süßsaure grüne Tomaten

ZUTATEN

1 kg grüne Tomaten, 200 g Zwiebeln, 4 Knoblauchzehen, 250 ml Weißwein, 250 ml Weißweinessig, 10 Pfefferkörner, 1 TL Senfkörner, 3 Lorbeerblätter, 4 Gewürznelken, 500 g Gelierzucker

ZUBEREITUNG

Tomaten waschen und Stielansätze entfernen. Zwiebeln schälen und hacken. Knoblauchzehen abziehen. Die Zwiebeln,

Knoblauch, Wein, Essig und Gewürze aufkochen und 10–12 Minuten kochen lassen. Gelierzucker und Tomaten zufügen, wieder aufkochen und 4 Minuten bei mittlerer Hitze kochen lassen. Tomaten mit Sud heiß in Gläser füllen und sofort verschließen.

Thunfisch in Öl

ZUTATEN

450 g frischer weißer oder roter Thunfisch, ½ unbehandelte Zitrone, 2 Knoblauchzehen, 4 Lorbeerblätter, 4 Zweige Thymian, 500 ml Olivenöl, ½ TL rosa Pfeffer

ZUBEREITUNG

2 ausreichend große Twist-off-Gläser gut auswaschen und trocknen lassen. Thunfisch unter kaltem Wasser abspülen und trocken tupfen. Zitrone heiß abwaschen und mit Küchenpapier abtrocknen, dann in Scheiben schneiden. Knoblauchzehen schälen und in dünne Scheiben schneiden. Thunfisch grob würfeln und in die gereinigten Gläser füllen. Zitrone, Knoblauch, Lorbeerblätter und Thymian dazugeben und mit Olivenöl aufgießen. Pfefferkörner in die Gläser streuen und anschließend gut verschließen. Thunfisch an einem dunklen, kühlen Ort mindestens 1 Tag ziehen lassen.

Würzig-scharfe Zwiebeln

ZUTATEN

750 g kleine Zwiebeln, 2 kleine Chilischoten, 1 Bd. frischer Thymian, $^1/_8$ l Weißweinessig, 12 schwarze Pfefferkörner, 8 Pimentkörner, Salz

ZUBEREITUNG

Zwiebeln schälen und vierteln. Die Chilischoten entkernen, waschen und in Scheiben schneiden. Thymian waschen und trocken tupfen. Zwiebeln, Chilischoten und Thymian in einen Topf geben, mit Weißweinessig, $^1/_8$ l Wasser, Pfefferkörnern,

Pimentkörnern und Salz aufkochen und bei mittlerer Hitze ca. 15 Minuten bissfest garen. Zwiebel-Chili-Masse noch heiß in Gläser füllen und sofort verschließen. Ergibt 3 Gläser à 300 g.

Zitronen in Olivenöl

ZUTATEN

1½ kg unbehandelte Zitronen, 50 g Zucker, 2 Lorbeerblätter, 1 EL Koriandersamen, 1 l Olivenöl

ZUBEREITUNG

Zitronen heiß abbrausen und trocken reiben. Dann in Viertel schneiden und in einer Schüssel mit dem Zucker vermischen. Gezuckerte Zitronen 12 Stunden im Kühlschrank ziehen lassen. 2 ausreichend große Gläser gut säubern und trocknen lassen. Nach Ende der Ziehzeit Zitronen in einem Sieb abspülen. Abtropfen lassen und dann mit Küchenkrepp trocken tupfen. Zitronen mit Lorbeerblättern und Koriandersamen in die gut gereinigten Gläser füllen. Das Ganze mit Olivenöl übergießen und die Gläser anschließend gut verschließen. Gläser an einem dunklen, kühlen Ort ziehen lassen.

Chutney & Relish

Aprikosenchutney

Zutaten

500 g reife Aprikosen, 2 EL frischer Ingwer, 1 Peperoni, 300 g Zucker, 1 EL scharfer Senf, 1 TL abgeriebene Zitronenschale (unbehandelt), je 1 TL Salz und Pfeffer, 1 EL Balsamico-Essig

Zubereitung

Aprikosen waschen, vierteln und die Steine entfernen. Ingwer schälen und fein hacken. Peperoni vierteln, von den Kernen befreien und waschen. Die Peperoni klein würfeln. Aprikosen, Ingwer und Peperoni mit den restlichen Zutaten in eine verschließbare Schüssel oder einen Topf mit Deckel geben, gründlich vermischen und 12 Stunden an einem kühlen Ort durchziehen lassen. Aprikosenmasse auf höchster Stufe aufkochen lassen und auf kleiner Stufe dick einkochen lassen. Sofort in gut gereinigte und trockene Gläser füllen oder gleich servieren.

Aprikosenchutney mit Tomaten

Zutaten

¼ kg getrocknete Aprikosen, ½ kg frische Aprikosen, ½ kg Tomaten, 2 Schalotten, 1 EL frisch geschabter Ingwer, 1 EL Salz, 1 TL Cayennepfeffer, ¼ l Weißweinessig, ¼ kg brauner Rohrzucker, Marillenlikör

Zubereitung

Die getrockneten Aprikosen grob zerschneiden. Die frischen Aprikosen mit heißem Wasser überbrühen und schälen. Kerne entfernen und das Fruchtfleisch in Streifen schneiden. Die Tomaten blanchieren, häuten und würfeln. Schalotten schälen und hacken. Alle Zutaten in einem flachen Topf vermischen und bei milder Hitze ca. 1 ½ Stunden köcheln. Es soll ein dickliches Mus entstehen. In Gläser abfüllen und die Deckel nach Belieben mit Marillenlikör ausschwenken.

Auberginenchutney

ZUTATEN

2 mittelgroße Zwiebeln, 4 Knoblauchzehen, ½ kg Auberginen, ¼ kg Tomaten, 1 TL Butter, ¼ kg brauner Rohrzucker, 1/8 l Rotweinessig, 100 g Mandelstifte, 1 EL frisch geschabter Ingwer, 1 Prise Kurkumapulver, 1 TL Salz, 1 EL weißer Pfeffer, 1 Prise Cayennepfeffer

ZUBEREITUNG

Die Zwiebeln und Knoblauchzehen schälen und miteinander hacken. Die Auberginen waschen und klein würfeln. Tomaten blanchieren, häuten und passend zu den Auberginen schneiden. Das Zwiebel-Knoblauch-Gemisch in heißer Butter glasig schwitzen. Nach und nach alle oben genannten Zutaten hinzufügen. Bei kleiner Hitze etwa 1½ Stunden offen kochen lassen. In mehrere kleine Gläser statt in zwei große Gläser abfüllen.

Birnenchutney

ZUTATEN

4 Birnen, Saft von ½ Zitrone, 1 Zwiebel, 1 Knoblauchzehe, 1 Thai-Chilischote, 2 TL Olivenöl, 150 g Rohrzucker, 1 TL gemahlener Ingwer, 1 Msp. gemahlener Zimt, 4 Lorbeerblätter, 120 ml Apfelessig, 20 g Mandeln oder Haselnüsse

ZUBEREITUNG

Die Birnen schälen, die Kernhäuser entfernen und das Fruchtfleisch würfeln. In einen Topf geben und mit dem Zitronensaft vermengen. Zwiebel schälen und in feine Würfel schneiden. Knoblauchzehe schälen und zerkleinern. Chilischote hacken. Zwiebelwürfel, gehackten Knoblauch und Chilischote, Olivenöl, Rohrzucker, gemahlenen Ingwer, Zimt und Lorbeerblätter zu den Birnen in den Topf geben. Alles untermengen und erhitzen. Auf kleiner Stufe unter gelegentlichem Rühren 15 Minuten köcheln lassen. Dann den Essig einfüllen und 10 Minuten weiterköcheln lassen. Inzwischen Mandeln oder Nüsse grob zerkleinern. Twist-off-Gläser gründlich reinigen und gut austrocknen lassen. Anschließend die Mandeln bzw. Nüsse in das Chutney geben. In die sauberen Gläser füllen und gut verschließen. Kühl und dunkel lagern.

Johannisbeerchutney

ZUTATEN

½ kg Johannisbeeren (rot, weiß und schwarz gemischt), 1 große Mango, je eine kräftige Prise Salz und Cayennepfeffer, ¼ kg brauner Rohrzucker, ⅛ l Rotweinessig, 1 TL zerdrückter Koriander, 1 Prise Kurkuma

ZUBEREITUNG

Die Johannisbeeren gut verlesen, waschen und abtrocknen. Die Mango schälen, den Kern entfernen und das Fruchtfleisch würfeln. In einem flachen Topf alle Zutaten miteinander vermischen und bei kleiner Hitze zu einer dicklichen Masse kochen. Die Kochzeit beträgt in etwa eine Dreiviertelstunde. In sterile Gläser abfüllen.

Kürbischutney

ZUTATEN

1½ kg Kürbis, 3 Tomaten, 3 Birnen, 2 unbehandelte Limetten oder Zitronen, 5 g frischer Ingwer, 1 grüne Pfefferschote, 1 EL gelbe Senfkörner, 1 TL weiße Pfefferkörner, Salz, 250 g brauner Zucker, 300 ml Weißweinessig

Zubereitung

Kürbis schälen, von den Kernen befreien und Fruchtfleisch würfeln. Tomaten kurz überbrühen, kalt abschrecken und die Haut entfernen. Dann quer halbieren, die Kerne entfernen und würfeln. Birnen schälen, halbieren, entkernen und würfeln. Limetten oder Zitronen unter fließendem warmen Wasser gut waschen und abtrocknen. Zitrusfrüchte samt Schale in feine Spalten schneiden. Ingwer schälen und fein hacken. Pfefferschote in Ringe schneiden. Kürbis, Tomaten, Birnen, Zitrusfrüchte, Ingwer und Pfefferschote in einen weiten Topf füllen. Senfkörner, Pfefferkörner, etwas Salz, Zucker und 125 ml Essig hinzufügen. Alles vermischen und aufkochen, dabei umrühren. Hitze herunterschalten und Chutney unter gelegentlichem Rühren dick einkochen lassen. Nach 1 Stunde den restlichen Essig zugeben. Kürbis-Chutney weitere 15 Minuten köcheln lassen. 4 Twist-off-Gläser gut reinigen und trocknen lassen. Nach Garzeitende Chutney bis zum Rand in die Gläser füllen und rasch gut verschließen. Kühl und dunkel aufbewahren.

Mangochutney

Zutaten

2 reife Mangos (ca. 750 g), 100 g Zwiebeln, 25 g frische Ingwerwurzel, 400 g Äpfel, 8 Kardamomkapseln, 1 Zimtstange, je ½ TL Kreuzkümmel- und Koriandersaat, 2 EL Öl, ½ TL Schwarzkümmelsaat, 1 TL Kurkumapulver, 1 rote Chilischote, 300 g Zucker, 1 TL Salz, 300 ml Weißweinessig

Zubereitung

Die Mangos schälen, das Fruchtfleisch von den Steinen lösen und dann klein würfeln. In einer Schüssel abgedeckt beiseitestellen. Zwiebeln abziehen, der Länge nach halbieren und quer in ½ cm dicke Halbringe schneiden. Ingwer fein abschälen und in kleine Würfel schneiden oder hacken. Äpfel schälen, vierteln, von den Kerngehäusen befreien und klein würfeln. Kardamom, Zimt, Kreuzkümmel und Koriander am besten im Blitzhacker fein zerkleinern oder zermörsern. Öl in einem Topf erhitzen. Zwiebeln darin bei milder Hitze glasig dünsten. Ingwer hineingeben und kurz mitbraten. Dann die klein gehackten Gewürze, Schwarzkümmel und Kurkuma unterrühren und anschließend die Apfelwürfel und 500 ml Wasser zugeben. Alles abgedeckt aufkochen und bei sanfter Hitze 10 Minuten köcheln lassen.

In der Zwischenzeit die Chilischote der Länge nach halbieren, von den Kernen befreien und quer in feine Streifen schneiden. Chili und Mangowürfel zu der Apfel-Gewürz-Mischung geben und weitere 20 Minuten kochen lassen. Zucker, Salz und Essig dazugeben. Chutney auf höchster Stufe unter Rühren ohne Deckel aufkochen. Bei sanfter Hitze unter häufigem Rühren 25–30 Minuten kochen lassen. Wenn der Topfboden während des Umrührens als Spur sichtbar bleibt, ist das Chutney fertig. In der Zwischenzeit 5 Gläser mit Schraubverschluss reinigen und trocknen lassen. Die Masse bis zum Rand einfüllen und gut verschließen. Gläser 5 Minuten umgedreht hinstellen. Dann wenden und abkühlen lassen.

Orangenchutney

ZUTATEN

2 unbehandelte Orangen, 15 g Ingwer, 2 Schalotten, 100 g brauner Zucker, 50 ml Rotweinessig, 4 EL Campari, Salz, Pfeffer

ZUBEREITUNG

Orangen unter heißem Wasser abwaschen und abtrocknen. Die Orangen schälen (ohne die bittere weiße Haut) und in sehr dünne Streifen schneiden. Mit einem scharfen Messer die Orangenspalten einzeln aus den Trennhäuten schneiden. Den Saft sammeln und das restliche Orangenfleisch auspressen. Die ausgelösten Orangenspalten in Würfel schneiden. Ingwer schälen und fein hacken. Schalotten schälen und ebenfalls sehr fein zerkleinern. Beides mit Orangensaft, Orangenstücken sowie -zesten, Zucker, Essig und Campari in einen Topf geben und erhitzen.

Bei schwacher Hitze ca. 30 Minuten unter Rühren einkochen, bis die Masse recht dick ist. Anschließend das Orangenchutney mit Salz und Pfeffer nach Belieben würzen und lauwarm oder kalt genießen.

OMAS RAT

Das Orangenchutney passt besonders gut zu Geflügel- und Wildgerichten.

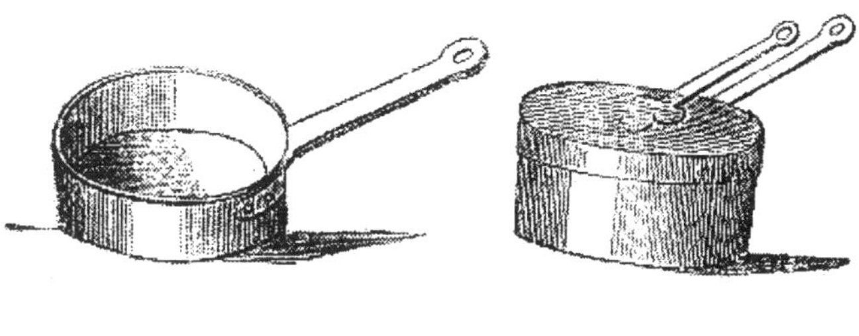

Paprika-Zwiebel-Chutney

ZUTATEN

½ kg Zwiebeln, ½ kg Paprikaschoten (nach Belieben rot, grün und gelb), ¼ kg Tomaten, 1 EL Butter, ¼ kg brauner Rohrzucker, ¼ l Rotweinessig, ½ TL Salz, 1 EL Dijonsenf, 1 EL grüne Pfefferkörner, 1 Prise Kreuzkümmel

ZUBEREITUNG

Die Zwiebeln schälen und in Scheiben/Streifen schneiden. Die Paprikaschoten längs halbieren, entkernen und passend zu den Zwiebeln schneiden. Die Tomaten blanchieren, abschrecken, häuten, die Kerne entfernen, vierteln und diese Viertel nochmals quer halbieren. Wie für Chutneys empfohlen, einen großen, flachen Topf wählen. Zwiebelstreifen in Butter leicht glasig schwitzen. Paprikaschoten, Zucker und Essig hinzufügen. Nach und nach die restlichen Zutaten wie Tomatenstückchen, Senf, Salz, Kreuzkümmel und grünen Pfeffer einrühren. Die Kochzeit beträgt ca. 1 knappe Stunde. Das dickliche Chutney in Gläser abfüllen.

Rhabarberchutney

ZUTATEN

½ kg Rhabarber, 2 mittlere Zwiebeln, 1 EL Butter, 1/8 kg brauner Rohrzucker, je 1 EL Koriander- und Senfkörner, je 1 kräftige Prise Salz und Pfeffer, 100 g Rosinen, 1/8 l Rotweinessig, 1/8 kg getrocknete Kokosflocken, 1 TL geschabter Ingwer

ZUBEREITUNG

Den Rhabarber schälen und quer in ca. 1–2 cm große Stücke schneiden. Die Zwiebeln schälen und fein hacken. Anschließend in heiß schäumender Butter glasig schwitzen. Rhabarberstückchen und Zucker hinzufügen. Die Senf- und Korianderkörner im Mörser zerdrücken und zusammen mit den anderen Zutaten beimengen. Das dickliche Chutney für die Lagerung in Gläser abfüllen.

Weißes Johannisbeerchutney

ZUTATEN

550 g Weiße Johannisbeeren, 167 g Gelierzucker 3:1, Salz, 2 TL Senf, Cayennepfeffer, Currypulver, 3 EL Weißwein, 2 EL Weinbrand

ZUBEREITUNG

Johannisbeeren gründlich waschen und von den Rispen ziehen. 500 g Früchte abwiegen. Die Beeren mit Gelierzucker vermengen. In einem Topf erhitzen und 3 Minuten auf höchster Stufe kochen lassen. Den Topf vom Herd nehmen. Chutney mit Gewürzen, Wein und Weinbrand süß-pikant abschmecken und noch heiß in gründlich gereinigte und trockene Gläser einfüllen. Fest verschließen und mit dem Deckel nach unten auf ein nasses, kaltes Küchentuch stellen.

Zitruschutney

ZUTATEN

Je ½ kg unbehandelte Zitronen und Grapefruits, ½ kg Zwiebeln, einige Nelken, ½ kg Rosinen, 1 EL Salz, 1 TL weißer Pfeffer, frisch geriebener Ingwer nach Belieben, 2 EL zerdrückte Senfkörner, ½ kg brauner Zucker, ½ l Weißweinessig

ZUBEREITUNG

Die Zitronen und Grapefruits waschen und die Schale sorgfältig abtrennen. Besser mit einem Schalenreißer feine Streifen abtrennen. Von den Früchten die weiße Haut entfernen und das Fruchtfleisch in gleich große Stückchen schneiden. Vorhandene Kerne entfernen. Die Zwiebeln schälen und in Streifen schneiden. Sämtliche Zutaten in einem Topf verrühren. Bei kleiner Hitze ca. 1½ Stunden offen köcheln.

OMAS RAT

Wer es gern scharf mag, der kann Chilischoten und Cayennepfeffer zugeben.

Zucchini-Mais-Chutney

ZUTATEN

½ kg Zucchini, ¼ kg Zwiebeln, 4 Knoblauchzehen, ½ kg Maiskörner (Glas, Dose), ¼ kg brauner Rohrzucker, 1/8 l Weißweinessig, 1 EL scharfer Senf, 1 TL Kurkuma

ZUBEREITUNG

Die Zucchini waschen, längs halbieren und quer in ca. 1 cm dicke Scheiben schneiden. Zwiebeln und Knoblauch schälen und hacken. Maiskörner über einem Sieb sehr gut abtropfen lassen. Alle Zutaten in einem flachen Topf vermischen. Offen bei mittlerer Hitze eine knappe Stunde köcheln.

Zwiebel-Pflaumen-Chutney

ZUTATEN

600 g Pflaumen, 1 Gemüsezwiebel, 1 gelbe Paprikaschote, 3 EL Olivenöl, 1 Zimtstange, 1 Lorbeerblatt, 5 EL brauner Zucker, 125 ml trockener Rotwein, Paprikapulver rosenscharf, Salz, Lorbeerblatt und Zimtstange zum Garnieren

ZUBEREITUNG

Pflaumen waschen, halbieren, von den Kernen befreien und würfeln. Zwiebel schälen und in feine Würfel schneiden. Paprika halbieren, entkernen und die Innenhäute entfernen. Putzen, waschen und in Würfel schneiden. Olivenöl in einem Topf erhitzen und die gewürfelten Pflaumen, Zwiebel und Paprika kurz darin dünsten. Zimtstange, Lorbeerblatt, Zucker, Rotwein und 1 TL Paprikapulver hinzufügen und das Ganze auf mittlerer Stufe unter gelegentlichem Rühren 25–30 Minuten kochen lassen. Chutney mit Paprikapulver und Salz würzen. Nach Belieben mit Lorbeerblatt und Zimtstange garniert servieren.

Apfel-Relish mit Mais

ZUTATEN

½ kg Äpfel, ¼ kg Zwiebeln, 1 Orange, ¼ kg Maiskörner, ¼ kg brauner Rohrzucker, ¼ l Apfelessig

ZUBEREITUNG

Die Äpfel und Zwiebeln schälen und grob hacken. Die Orange schälen, entkernen und das Fruchtfleisch würfeln. Alle Zutaten in einen Topf geben und langsam offen köcheln. Nach etwa ½ Stunde, wenn ein dicklicher Brei entstanden ist, in Gläser abfüllen.

Blaubeer-Trauben-Relish

ZUTATEN

300 g Blaubeeren, 200 g kernlose blaue Trauben, 120 g rote Zwiebeln, 2 Knoblauchzehen, 1–2 rote Chilischoten, 4 Zweige Rosmarin, 2 EL Öl, 100 ml Balsamico-Essig, 120 g brauner Zucker, 1 TL Salz, ½ TL Süßholzpulver (alternativ: Sternanispulver)

ZUBEREITUNG

Blaubeeren verlesen, kurz unter fließendem Wasser abwaschen und gut abtropfen lassen. Trauben waschen, ebenfalls abtropfen lassen und je nach Größe halbieren oder vierteln. Zwiebeln abziehen, der Länge nach halbieren und quer in dünne Halbringe schneiden. Knoblauchzehen abziehen und zerkleinern. Chilischoten längs halbieren, die Kerne herauskratzen und fein hacken. Die Rosmarinzweige mit Küchengarn zusammenbinden. Öl in einem weiten Topf erhitzen, Zwiebeln darin bei sanfter Hitze glasig dünsten. Dann Knoblauch und Chili hinzufügen und kurz mitdünsten. Balsamico-Essig, Blaubeeren, Trauben, Rosmarin, Zucker und Salz zugeben. Süßholzpulver untermengen. Relish auf mittlerer Stufe unter Rühren ohne Deckel aufkochen und 10 Minuten einkochen lassen, dabei gelegentlich umrühren. Das Ganze mit einem Kartoffelstampfer zerdrücken und weitere 5–10 Minuten kochen, bis das Relish dickflüssig ist. 4 Gläser mit Schraubverschluss gründlich reinigen und trocknen lassen. Die Rosmarinzweige aus dem Relish nehmen. Relish bis zum Rand in die Gläser füllen und gut verschließen. Gläser 5 Minuten auf den Deckel stellen, wieder umdrehen und erkalten lassen.

Blumenkohl-Mais-Relish

Zutaten

125 g Blumenkohl, 340 g Mais (Dose), 1 Paprikaschote, 1 Zwiebel, ½ TL schwarze Pfefferkörner, ½ TL Pimentkörner, 1 TL Senfkörner, 5 EL brauner Zucker, Salz, 100 ml Weißweinessig, 1 EL Zitronensaft

Zubereitung

Blumenkohl waschen und in kleine Röschen teilen. Maiskörner abtropfen lassen. Paprikaschote putzen, waschen, halbieren sowie Kerne und Innenhäute entfernen. Die Schote klein würfeln. Zwiebel abziehen und fein hacken. Mit Blumenkohl, Maiskörnern und Paprikawürfeln in einen Topf geben. Pfeffer- und Pimentkörner grob mörsern. Mit Senfkörnern zur Maismischung geben. Zucker, etwas Salz, Essig und 100 ml Wasser zugeben und die Mischung aufkochen lassen. Relish ohne Deckel auf mittlerer Stufe kurz kochen, dabei gelegentlich umrühren. Dann den Topf vom Herd nehmen und abkühlen lassen. Relish in eine Schüssel geben und im Kühlschrank über Nacht ziehen lassen. Vor dem Servieren mit Zitronensaft und Salz würzen.

Dattel-Apfel-Relish

ZUTATEN

200 g frische Datteln, 1 Schalotte, 1 säuerlicher Apfel (z.B. Granny Smith), 3–4 EL Apfelessig, 2 TL brauner Zucker, gemahlene Nelken, Pfeffer aus der Mühle, Zimtpulver

ZUBEREITUNG

Datteln entkernen und Fruchtfleisch in sehr kleine Würfel schneiden. Schalotte schälen und ebenfalls in feine Würfel schneiden. Apfel waschen, vierteln, vom Kernhaus befreien und das Fruchtfleisch klein würfeln. Alles in eine Schüssel geben. Mit Apfelessig und braunem Zucker vermischen. Mit gemahlenen Nelken, Pfeffer und Zimt nach Belieben würzen und abdecken. Relish im Kühlschrank mindestens 2 Stunden ziehen lassen.

Fenchel-Zitronen-Relish

ZUTATEN

2 unbehandelte Zitronen, ½ Fenchelknolle (ca. 160 g), 1 Knoblauchzehe, 2 EL Olivenöl, 2–3 TL Zitronensaft, Salz, Pfeffer aus der Mühle

ZUBEREITUNG

Zitronen unter heißem Wasser gründlich waschen und abtrocknen. Schale dünn abschälen und anschließend fein hacken. Die Fenchelknolle putzen, unter kaltem Wasser waschen und klein würfeln. Knoblauch abziehen und mit einem breiten Messerrücken zerdrücken. Knoblauch, Zitronenschale und Fenchel mit dem Olivenöl sowie dem Zitronensaft vermengen. Mit Salz und frisch gemahlenem Pfeffer nach Belieben würzen.

Paprika-Relish

ZUTATEN

Je 2 rote, gelbe und grüne Paprikaschoten, 500 g Tomaten, 250 g Schalotten, 2 Knoblauchzehen, 2 EL Olivenöl, 125 ml Rotweinessig, 150 g Kandis, Salz, Ingwer-, Nelken-, Chili- und Senfpulver, Paprikapulver edelsüß

ZUBEREITUNG

Die Paprikaschoten unter kaltem Wasser abwaschen, trocken reiben und halbieren. Die Kerne und weißen Innenhäute entfernen und das Fruchtfleisch klein würfeln. Tomaten kreuzweise einritzen, mit kochendem Wasser überbrühen und die Häute abziehen. Dann die Kerne herausnehmen und in Würfel schneiden. Schalotten und Knoblauch abziehen, Knoblauch mit dem Rücken eines Messers zerdrücken und Schalotten in Würfel schneiden.
Olivenöl in einem Topf erhitzen, Schalottenwürfel und Knoblauch darin andünsten. Paprika- und Tomatenwürfel hinzufügen und kurz mitdünsten. Mit Rotweinessig ablöschen, Kandiszucker dazugeben und unter Rühren ca. 10 Minuten köcheln lassen. Nach Ende der Garzeit pikant würzen. Das Paprika-Relish in gründlich gereinigte Gläser füllen und fest verschließen.

Pflaumen-Relish

ZUTATEN

1 kg Pflaumen, 4 Zwiebeln, 1 Stück Ingwer, 2 EL Öl, 250 ml trockener Weißwein, 2 EL weißer Balsamico-Essig, 2 Zimtstangen, 50 g Honig, Chilipulver, Salz, Pfeffer, Korianderpulver, 4 EL Zucker

ZUBEREITUNG

Pflaumen waschen, den Kern entfernen und Fruchtfleisch in Würfel schneiden. Zwiebeln schälen, fein hacken, Ingwer schälen und ebenfalls fein hacken. Öl in einen Topf geben, erhitzen und die Zwiebeln kurz darin andünsten. Ingwer, Pflaumen, Weißwein, Essig und Zimtstangen dazugeben und ca. 20 Minuten köcheln lassen. Mit Honig, Chilipulver, Salz, Pfeffer, Koriander und Zucker nach Belieben würzen. Pflaumen-Relish noch warm in gut gereinigte und trockene Gläser füllen und gut verschließen.

OMAS RAT

Dieses Pflaumen-Relish schmeckt gut zu Käse oder gebratenem oder gegrilltem Fleisch. Auch zu Fondue passt es sehr gut.

Relish aus karamellisierten Zwiebeln

ZUTATEN

3 Gemüsezwiebeln, 3 EL Butter, 2 EL Olivenöl, 2 EL brauner Zucker, 2 EL Kapern, 2 EL Petersilie, gehackt, Salz, Pfeffer

ZUBEREITUNG

Zwiebeln abziehen, halbieren und in Ringe schneiden. Butter und Öl erhitzen. Zwiebelringe und Zucker hinzufügen und auf kleiner Stufe unter Rühren 30 Minuten sanft köcheln lassen, bis die Masse weich und dunkelbraun ist. Kapern abtropfen lassen, in grobe Stücke hacken und mit der Zwiebelmasse vermengen. Abkühlen lassen und die gehackte Petersilie beigeben. Mit Salz und Pfeffer würzen und mit Alufolie abdecken. Kühl aufbewahren.

Stachelbeer-Relish

ZUTATEN

½ kg Stachelbeeren, 2 Zwiebeln, 1 TL Butter, 1/8 kg Zucker, 100 g gehackte Pistazien, 1/8 l Weinessig, 1 Prise Muskat

ZUBEREITUNG

Die Stachelbeeren verlesen, waschen und abtrocknen. Die Zwiebeln schälen und fein hacken. In heiß schäumender Butter die Zwiebelwürfel glasig dünsten. Nach und nach alle Zutaten einrühren. Die Kochzeit beträgt bei offenem Topf ca. ½ Stunde.

OMAS RAT

Schmeckt hervorragend als Solist auf Sesambrot.

Tomaten-Sellerie-Relish

ZUTATEN

1 kg Fleischtomaten, 200 g Stangensellerie, 3 säuerliche Äpfel, 1 rote Chilischote, 10 Gewürznelken, 1 EL Senfkörner, 6 Pimentkörner, 1 TL getrockneter Thymian, 1 EL Salz, ½ TL Zimtpulver, 80 ml Weinessig, 125 g Zucker

ZUBEREITUNG

Tomaten kreuzweise einritzen, mit kochend heißem Wasser überbrühen und kurz ziehen lassen. Dann mit kaltem Wasser abschrecken, die Häute abziehen, vierteln und von den Kernen befreien. Das Fruchtfleisch in Stücke schneiden. Stangensellerie putzen, waschen und in dünne Scheiben schneiden. Äpfel schälen, vierteln, von den Kernhäusern befreien und in feine Würfel schneiden. Chilischote der Länge nach aufschneiden, unter fließendem Wasser die Kerne herausnehmen und in dünne Ringe schneiden. Die Gewürznelken mit den Senf- und Pimentkörnern in einen Teefilter füllen und diesen mit Küchengarn zuknoten. Den Filter in einen großen Topf legen, getrockneten Thymian, Salz, Zimtpulver, Weinessig, Zucker, Chiliringe, Apfel, Sellerie und die Tomatenstücke hinzufügen. Relish aufkochen, dabei gut umrühren, und anschließend ohne Deckel auf niedriger Stufe ca. 1 Stunde köcheln lassen. Auch hier wieder gelegentlich umrühren, damit die Masse nicht anbrennt. Dann den Teefilter herausnehmen, das Relish in gut gereinigte und trockene Gläser mit Schraubverschluss füllen und fest verschließen.

Zucchini-Relish

ZUTATEN

750 g Zucchini, 250 g Zwiebeln, 1 EL grobkörniges Salz, 250 g Zucker, 250 ml Weißweinessig, 1 EL mittelscharfer Senf, 1 EL Currypulver, 1 TL Paprikapulver edelsüß, ½ TL Cayennepfeffer

Zubereitung

Zucchini putzen, waschen, trocken reiben und klein würfeln. Zwiebeln abziehen und ebenfalls in kleine Würfel schneiden. Beide Gemüsesorten in einer Schüssel salzen, durchmischen und 12 Stunden mit Deckel ziehen lassen. Dann alles in einen Topf geben, den Zucker und Weißweinessig hinzufügen und auf mittlerer Stufe 45 Minuten köcheln lassen, dabei gelegentlich umrühren. Senf, Currypulver, Paprikapulver und Cayennepfeffer zur Gemüsemischung geben. Das Zucchinirelish noch einmal 10 Minuten kochen lassen. Relish rasch in sterilisierte Gläser mit Schraubverschluss füllen und umdrehen. Gut abkühlen lassen.

Zwiebel-Paprika-Relish

Zutaten

800 g Zwiebeln, 4 große rote Parikaschoten, 4 kleine Tomaten, 1 große Chilischote, 3 EL Öl, Tomatenmark, 75 g Zucker, Salz, 6 EL Essig, ¼ l trockener Weißwein, 1 TL Paprikapulver edelsüß, 3 EL rote oder grüne Pfefferkörner, Instant-Gemüsebrühe nach Geschmack, Pfeffer

Zubereitung

Zwiebeln schälen und würfeln. Paprika putzen, entkernen und würfeln. Die Tomaten heiß überbrühen, häuten und ebenfalls würfeln. Die Chilischote entkernen und fein würfeln. Zwiebeln mit den Paprikaschoten zusammen im heißem Öl anbraten, dann die Tomaten- und Chiliwürfel hinzufügen. Tomatenmark einrühren und kurz mit anschwitzen. Dann Zucker, 3 TL Salz, Essig, Weißwein und Paprikapulver einrühren. Alles zusammen aufkochen und ca. 1 Stunde zugedeckt köcheln lassen. Anschließend Pfefferkörner einrühren und Relish mit Instant-Gemüsebrühe, Salz und Pfeffer abschmecken. Mit offenem Deckel noch etwa 30 Minuten einkochen lassen und dann in vorbereitete Gläser füllen. Die Gläser verschließen und für 5 Minuten auf den Deckel stellen.

Saft, Sirup & mehr

Aprikosensaft

ZUTATEN

2 kg reife Aprikosen, 4 kg Zucker, 4 TL Ascorbinsäure

ZUBEREITUNG

Aprikosen waschen, entsteinen, klein schneiden und dann mit 400 ml Wasser und Zucker in einen großen Topf schichten. Früchtemasse unter ständigem Rühren aufkochen, bis die Aprikosen verkocht sind, und sofort durch ein feuchtes Leinentuch pressen. Ascorbinsäure einstreuen. Saft in vorbereitete Flaschen füllen, luftdicht verschließen, abkühlen lassen und im Kühlschrank aufbewahren.

OMAS RAT

Der Saft, mit Mineralwasser verdünnt, ist an heißen Sommertagen ein erfrischender Durstlöscher. Unverdünnt garniert man Eis oder Quarkspeisen damit.

Blaubeersaft

ZUTATEN

2 kg Blaubeeren, flüssiger Honig nach Bedarf

ZUBEREITUNG

Die Blaubeeren waschen, verlesen und mit 200 ml Flüssigkeit in einem Topf zum Kochen bringen. Unter Rühren ca. 15 Minuten köcheln lassen, vom Herd ziehen und 30 Minuten ziehen lassen. Die Beeren mit der Flüssigkeit durch ein zwischen zwei Stuhlbeinen gespanntes Passiertuch gießen und über Nacht abtropfen lassen. Die Früchte am nächsten Tag noch einmal gut ausdrücken, den Saft nach Belieben mit Honig süßen und in gut ausgespülte Flaschen füllen. Fest verschließen, anschließend kühl und dunkel lagern.

Granatapfelsaft

ZUTATEN

3 kg Granatäpfel, 1 kg Blutorangen, 200 g Zucker

ZUBEREITUNG

Granatäpfel in einen gusseisernen Bräter legen, zudecken und in die Mitte des Ofens schieben. Bei 150 Grad 1 Stunde backen. Früchte sollen breiig sein und im eigenen Saft liegen. Früchte in ein Tuch schütten und Saft über Nacht ablaufen lassen. Nicht pressen. Orangen auspressen, Saft durch ein Tuch laufen lassen und gut auswringen. Beide Säfte mischen. Zucker mit 50 ml Saft klar kochen. Übrigen Saft dazugießen, auf ca. 90 Grad erhitzen, in Flaschen füllen und verschließen. Oder 10 Minuten bei 90 Grad einkochen.

Holunderbeersaft

ZUTATEN

2 kg Holunderbeeren, 500 g Gelierzucker, 2 Nelken, ½ Zimtstange

ZUBEREITUNG

Holunderbeeren mit Stiel waschen und abtropfen lassen. Zucker, Nelken und Zimtstange dazugeben und abgedeckt 5 Stunden ziehen lassen. Mischung in den Entsafter geben, ca. 40 Minuten entsaften. Anschließend Holunderbeersaft in vorbereitete Flaschen füllen und verschließen.

Klarer Apfelsaft

ZUTATEN

1 kg reife Äpfel (z. B. Boskop), 20 g Zucker, ½ Päckchen Einmachhilfe

ZUBEREITUNG

Die Äpfel waschen, vierteln, das Kerngehäuse entfernen und die Früchte in grobe Stücke schneiden. In einen großen Kochtopf geben und anschließend ½ l Wasser angießen. Alles aufkochen und bei mittlerer Hitze 10 Minuten köcheln lassen. Dann die Äpfel mit einem Stampfer zerdrücken. Die gekochten Früchte auf ein zwischen Stuhlbeinen gespanntes Passiertuch geben und in den untergestellten Topf laufen lassen. Den aufgefangenen Saft mit dem Zucker verrühren, einmal aufkochen lassen, abschäumen und mit der Einmachhilfe mischen. Heiß in ausgekochte Flaschen füllen und gut verschließen. Dunkel und kühl aufbewahren.

Roter Traubensaft

ZUTATEN

2 kg dunkle Weintrauben, flüssiger Honig zum Süßen

ZUBEREITUNG

Die Trauben waschen, halbieren und mit 150 ml Wasser in einem Topf zum Kochen bringen. Bei mittlerer Hitze und unter Rühren ca. 15 Minuten köcheln lassen, dann durch ein zwischen 2 Stuhlbeinen gespanntes Passiertuch gießen und in einem darunter stehenden Gefäß den Saft auffangen. Den Saft über Nacht passieren und am nächsten Tag die Früchte noch einmal ausdrücken. Nach Belieben mit Honig süßen und in Flaschen abfüllen. Kühl und dunkel lagern.

Holunderblütensirup

ZUTATEN

2 Handvoll Holunderblüten, 1 unbehandelte Zitrone, 500 g Zucker, 10 g Zitronensäure (aus der Apotheke)

ZUBEREITUNG

Die Holunderblüten nicht waschen, nur schütteln und verlesen. Die Zitrone heiß abwaschen und in Scheiben schneiden. Den Zucker zusammen mit 1 l Wasser langsam unter Rühren aufkochen und dann ca. 10 Minuten köcheln lassen. Das Zuckerwasser anschließend abkühlen lassen, die Holunderblüten und Zitronenscheiben zugeben und in einen großen Topf oder ein anderes großes Gefäß füllen. Abgedeckt ca. 2 Tage ziehen lassen. Vor dem Abfüllen die Holunder-Zucker-Lösung durch ein Passiertuch gießen und danach mit der Zitronensäure unter Rühren aufkochen lassen. In eine gründlich gewaschene Flasche füllen und gut verschlossen aufbewahren. Ergibt ca. 1 l Sirup.

Quittensirup

ZUTATEN

1 kg reife Quitten, 400 g Zucker

ZUBEREITUNG

Quitten schälen und in Achtel schneiden. Blüten, Kerngehäuse und Stiel entfernen und das Fruchtfleisch anschließend mit 1½ l kaltem Wasser und dem Zucker bei mittlerer Hitze langsam zum Kochen bringen. Die Hitze reduzieren und die Früchte ca. 50 Minuten sanft ziehen lassen, aber nicht kochen. Ein abgekochtes Tuch in ein Sieb legen und die Quitten zusammen mit der Flüssigkeit hineinschütten. Kochend heißen Saft in einem Topf auffangen und bis kurz vor dem Siedepunkt erhitzen (nicht kochen lassen). Sirup in vorgewärmte Flaschen abfüllen und gut verschließen. Anschließend kühl lagern. Ergibt ca. 3 l.

OMAS RAT
Für einen leckeren Aperitif gibt man einen Schluck Quittensirup in ein Glas und füllt mit Sekt auf.

Brombeerlikör

ZUTATEN
1,2 kg Brombeeren, 600 g Zucker, 2 l Obstler

ZUBEREITUNG
Brombeeren waschen, abtropfen lassen und durch ein feuchtes Leinentuch pressen. Saft auffangen, Zucker dazugeben und unterrühren, bis er sich aufgelöst hat. Obstler zugießen und Flüssigkeit 1 Monat in vorbereiteten Flaschen luftdicht verschlossen stehen lassen, zwischendurch immer wieder kräftig schütteln. Flüssigkeit durch einen Kaffeefilter gießen und Brombeerlikör wieder in Flaschen abfüllen.

Ebereschenlikör

ZUTATEN
750 g Ebereschenbeeren, 1 l Wodka, 350 g brauner Zucker, 7 Gewürznelken, 1 Zimtstange, 400 g Zucker, 300 ml Weinbrand

ZUBEREITUNG
Die Ebereschenbeeren sollten erst nach dem ersten Frost gepflückt werden. Beeren sorgfältig verlesen, waschen und abtropfen lassen. Mit dem Pürierstab oder im Mixer grob zerkleinern und zusammen mit Wodka, braunem Zucker,

Gewürznelken und der Zimtstange in ein Glasgefäß geben. 3–4 Monate an einem warmen, sonnigen Ort ziehen lassen. Durch ein Tuch abseihen und den Rest mit der Hand abpressen. Aus Zucker und 400 ml Wasser einen dicken Sirup kochen, abkühlen lassen und mit dem Weinbrand zum Ansatz geben. Gut verschlossen weitere 4–6 Wochen reifen lassen. Durch einen Papierfilter gießen, in Flaschen abfüllen, fest verschließen und dunkel lagern.

OMAS RAT

Diesen Likör kann man zum Verfeinern von dunklen Soßen, v.a. für Wildgerichte, verwenden. Mit trockenem Weißwein gemischt, ergibt der Ebereschenlikör einen herben, winterlichen Aperitif. Nach einem üppigen Essen dient er auch als Digestif.

Erdbeerlikör

ZUTATEN

750 g Erdbeeren, 250 g Rote Johannisbeeren, 1 rote scharfe Pfefferschote, ½ Stange Zimt, 500 g weißer Kandis, 700 ml Weinbrand, 700 ml Kirschwasser

ZUBEREITUNG

Beeren nur waschen, wenn sie sandig sind. Blütenansätze der Erdbeeren entfernen und Johannisbeeren von den Stielen streifen. Früchte, Pfefferschote, Zimt und Kandis in einen Glaskrug schichten. Zudecken und über Nacht gut durchkühlen. Weinbrand und Kirschwasser an die Früchte gießen, Krug fest verschließen und 2 Monate an einen sonnigen Ort stellen. Nachts in den Kühlschrank geben, damit der Inhalt nicht zu warm wird und zu gären beginnt. Ein Passiertuch auskochen, auswringen und in ein Sieb legen. Krug darüber entleeren und Likör ablaufen lassen, Früchte ausdrücken. In Flaschen füllen und verschließen. Likör dunkel aufbewahren und noch 4 Wochen reifen lassen. Ergibt 7 Flaschen à 350 ml.

Grünes Kerbelwasser

ZUTATEN

100 g frischer Kerbel, ¾ l Wodka

ZUBEREITUNG

Die jungen Kerbelblätter schmecken am besten, also beim Einkauf oder bei der Ernte darauf achten. Kerbel nach Möglichkeit nicht waschen, da sehr viel Aroma verloren geht. Das Kraut klein zupfen und in eine große, helle Flasche geben. Mit Wodka aufgießen, sodass alles gut bedeckt ist, und fest verschließen. So lange an einem warmen, sonnigen Ort stehen lassen, bis der Schnaps eine kräftig grüne Farbe angenommen hat, mindestens aber 2 Monate. Durch ein Tuch abseihen und in schöne, helle Flaschen füllen, damit die Farbe gut zur Geltung kommt. Gut verschlossen kann der Kerbelschnaps lange gelagert werden.

OMAS RAT

Kerbelschnaps ist etwas für Anisliebhaber, da er sich durch ein würzig-süßes anisartiges Aroma auszeichnet. Wer also keinen Pernod oder Pastis mag, wird auch an diesem Schnaps keine Freude haben.

Hagebuttenlikör

ZUTATEN

500 g reife Hagebutten, 2 l Korn (38 Vol.-%)

ZUBEREITUNG

Früchte in ein Sieb geben, gründlich waschen und abtropfen lassen. Hagebutten gleichmäßig auf verschließbare Gefäße (z. B. Gurkengläser) verteilen und Korn angießen. Ansatz 2 Monate an einem hellen Ort ruhen lassen. Danach durch einen Filter abgießen, Likör in gut gespülte Flaschen abfüllen und 3 Monate darin reifen lassen, damit sich das volle Aroma entfalten kann.

Himbeerlikör

ZUTATEN

1 kg Himbeeren, 1 l Weingeist (96 Vol.-%), 240 g Zucker

ZUBEREITUNG

Himbeeren gründlich waschen, abtropfen lassen, leicht zerdrücken und gleichmäßig auf 2 Flaschen verteilen. Weingeist darübergießen, gut schütteln und ca. 4 Wochen an einem sonnigen Ort ruhen lassen. Zucker und ½ l Wasser in einen Topf geben, zu Sirup einkochen und abkühlen lassen. Ansatz durch ein feuchtes Leinentuch filtern, mit kaltem Sirup gut vermengen und in gründlich gespülte Flaschen abfüllen.

Himbeer-Limes

ZUTATEN

500 g Himbeeren, 225 g brauner Zucker, 125 ml frisch gepresster Limettensaft, 100 ml Himbeergeist, 300 ml Wodka

ZUBEREITUNG

5 Flaschen mit Bügelverschluss gründlich mit heißem Wasser und etwas Spülmittel reinigen. Gut trocknen lassen. Himbeeren verlesen, vorsichtig abbrausen und gut abtropfen lassen. Gewaschene Himbeeren in eine Rührschüssel geben und mit braunem Zucker und Limettensaft vermischen. Mit einem Stabmixer fein pürieren. Der Zucker sollte gut aufgelöst sein. Die Früchte mit Himbeergeist und Wodka vermengen. Dann den Himbeer-Limes in die vorbereiteten Flaschen füllen. Gut gekühlt, am besten im Gefrierschrank, lagern. Die Flaschen vor dem Servieren kräftig schütteln. Ergibt 5 Flaschen à ca. 250 ml.

Holunderbeerlikör

ZUTATEN

200 g reife Holunderbeeren, 100 g Kandis, 700 ml Korn (32 Vol.-%)

ZUBEREITUNG

Holunderbeeren von den Dolden streifen, waschen, grüne Beeren auslesen. Früchte, Kandis und Korn in eine Flasche füllen und gut verschlossen an einem dunklen, nicht zu kühlen Ort ruhen lassen. Nach ca. 8 Wochen hat der Likör sein volles Aroma entwickelt und kann getrunken werden. Beeren können im Likör verbleiben.

Honiglikör

ZUTATEN

400 g flüssiger Blüten- oder Waldhonig, 750 ml Wodka

ZUBEREITUNG

Den Honig in den Wodka einrühren und so lange weiterrühren, bis der Likör klar ist. In schöne Flaschen abfüllen und für 8 Wochen ruhen lassen.

OMAS RAT

Anstatt Wodka kann auch Doppelkorn verwendet werden. Kristallisiert Honig, wird er durch sanftes Erhitzen wieder klar und flüssig. Vorsichtig in einem Wasserbad – nicht über 37 Grad – erwärmen.

Magenbitter

ZUTATEN

25 g bittere Orangenschale (unbehandelt), 2 g Anis, 6 g Sternanis, 3 g Alantwurzel (aus der Apotheke), 3 g Enzianwurzel, 2 g Tausendgüldenkraut, 1 l Branntwein, 250 g Zucker

ZUBEREITUNG

Gewürze und Kräuter in ein großes Gefäß geben, mit Branntwein auffüllen und gut verschließen. Ansatz 2–3 Wochen stehen lassen. Zucker mit Ansatz vermengen, bis er sich gelöst hat. Durch einen Filter in vorbereitete Flaschen abfüllen und wieder gut verschließen.

Kirschlikör

ZUTATEN

750 g Sauerkirschen, 275 g weißer Kandis, 2–3 Zimtstangen, 1–2 Gewürznelken, 1 Stück Orangenschale (unbehandelt), 500 ml klarer Schnaps (z. B. Korn)

ZUBEREITUNG

Kirschen waschen und entsteinen. Gewaschene Kirschen zusammen mit Kandis, Zimt, Nelken und der Orangenschale in ein Glas schichten und mit Alkohol übergießen, sodass die Früchte bedeckt sind. Das Glas verschließen und mindestens

8 Tage durchziehen lassen. Zwischendurch hin und wieder auf den Kopf drehen, damit sich der Kandiszucker gut auflöst. Den Likör durch ein mit einem Tuch ausgelegtes Sieb abgießen, die Früchte dabei gut ausdrücken. Den aufgefangenen Likör in dekorative kleine Flaschen füllen. Kühl und trocken lagern. Ergibt 500 ml.

Kräuterlikör

ZUTATEN

1 unbehandelte Zitrone, 1 kg Kandis, je 2 g Kamille, Oregano, Minze, Salbei, Rosmarin, Thymian und Basilikum, 2 l Korn

ZUBEREITUNG

Zitrone heiß waschen, mit Küchenpapier trocken tupfen und die Schale fein abreiben. Zitronenschale, Kandis und Kräuter nach und nach in ein großes Gefäß geben, mit Korn auffüllen und gut verschließen. Ansatz ca. 4 Wochen stehen lassen, Likör durch einen Filter in Flaschen abfüllen und wieder gut verschlossen nachreifen lassen.

Kümmellikör

ZUTATEN

150 g Zucker, 2 EL Kümmelsamen, 700 ml Korn

ZUBEREITUNG

Den Zucker mit 100 ml Wasser erhitzen und so lange kochen, bis dieser sich aufgelöst hat. Vom Herd ziehen, abkühlen lassen und mit dem zerstoßenen Kümmelsamen mischen. In ein Gefäß geben und den Alkohol angießen. Zugedeckt ca. 3 Wochen ziehen lassen. Den Likör durch ein feines Sieb passieren und in Flaschen füllen.

Orangenlikör

ZUTATEN

Für die Essenz: 6–8 unbehandelte Orangen, 500 ml reiner Alkohol (90–98 Vol.- %)
Für den Likör: 250 g weißer Zucker, 125 ml Orangenessenz, 125 ml reiner Alkohol (90–98 Vol.- %), 250 ml Wodka

ZUBEREITUNG

Für die Essenz Orangen heiß abwaschen und trocken reiben. Die Früchte sehr dünn schälen, sodass das Weiße nicht mitkommt. Die Schalen in dünne Streifen schneiden. In eine gründlich gereinigte Literflasche 500 ml reinen Alkohol gießen. Die Orangenschalen in die Flasche bis zum Rand füllen. Die Flasche an einen warmen, sonnigen Platz stellen und dort 3 Monate stehen lassen, gelegentlich Flasche schütteln. Anschließend die Flüssigkeit durch ein sehr feines Sieb gießen, dann filtern. Die Essenz aufbewahren. Für den Likör Zucker mit 250 ml Wasser aufkochen und erkalten lassen. In eine weite Porzellan- oder Glasschale füllen. Je 125 ml Orangenessenz und reinen Alkohol einfüllen. Die Mischung so lange ziehen lassen, bis die Flüssigkeit klar ist. Anschließend den Wodka dazugießen und den Likör in eine gut verschließbare Flasche füllen.

Pfirsichlikör

ZUTATEN

6 reife Pfirsiche, 1 l Korn (38 Vol.-%)

ZUBEREITUNG

Pfirsiche waschen, halbieren, Steine entfernen, jedoch nicht wegwerfen, und Fruchtfleisch in Spalten schneiden. Steine mit einem stumpfen Gegenstand aufschlagen. Pfirsiche in ein Ansatzgefäß geben, den Korn darübergießen, Steine dazugeben und luftdicht verschließen. Ca. 7 Wochen an einem warmen, jedoch nicht sonnigen Ort ruhen lassen. Ansatz durch einen Filter laufen lassen, in vorbereitete Flaschen abfüllen und 2–3 Monate nachreifen lassen.

Pflaumen-Birnen-Likör

ZUTATEN

500 g reife blaue Pflaumen, 500 g reife Birnen, 2 Zimtstangen, 1 aufgeschnittene Vanilleschote, 650 ml Wodka, Schale von 1 unbehandelten Zitrone, 250 ml trockener Weißwein, 700 g Zucker

ZUBEREITUNG

Die Pflaumen waschen, halbieren und entkernen. Die Birnen ebenfalls waschen, vierteln, von dem Kerngehäuse befreien und in dünne Scheiben schneiden. Zusammen mit den Gewürzen, den Pflaumen, dem Wodka, der Zitronenschale und dem Weißwein in ein großes Gefäß geben. Den Zucker mit

550 ml Wasser zum Kochen bringen und so lange kochen, bis sich der Zucker aufgelöst hat und die Flüssigkeit klar ist. Den Sirup mit in das Gefäß gießen, alles gut verrühren und zugedeckt an einem kühlen, dunklen Ort 2 Wochen ziehen lassen. Danach die Flüssigkeit passieren und erneut 2 Wochen kühl und dunkel lagern. Den Likör in ein schönes Gefäß oder eine dekorative Flasche filtern.

Pflaumenlikör

ZUTATEN

300 g Pflaumen, 500 g brauner Kandis, 2 Zimtstangen, 700 ml Grappa

ZUBEREITUNG

Pflaumen waschen, halbieren, entsteinen und in vorbereitete Flaschen füllen. Kandis und Zimtstangen dazugeben, mit Grappa auffüllen und Flaschen gut verschlossen ca. 2 Wochen an einem kühlen, dunklen Ort durchziehen lassen, gelegentlich schütteln. Likör durch einen mit Filterpapier ausgelegten Trichter abseihen und wieder in Flaschen füllen. Likör vor dem Servieren mindestens 4 Wochen stehen lassen. Ergibt 2 Flaschen à 750 ml.

Salbeigeist

ZUTATEN

½ unbehandelte Zitrone, 30 frische Blätter Gartensalbei, 3 Blätter Basilikum, 3 Blütenköpfe Quendel, 1 l Obstler oder Wodka

ZUBEREITUNG

2 Flaschen gründlich reinigen und abtropfen lassen. Zitrone heiß waschen und trocken reiben, dann die Schale abreiben. Salbei, Basilikum und Quendel abbrausen und vorsichtig trocken tupfen. Kräuter in die vorbereiteten Flaschen geben. Obstler oder Wodka zugießen. Dann die Flaschen 4–6 Wochen an einen warmen Platz stellen. Täglich schütteln. Salbei-

geist filtrieren und wieder in die Flaschen füllen. Erneut 4–6 Wochen ruhen lassen.

OMAS RAT

Der Salbeigeist, im Bedarfsfall 2-mal täglich 30 ml eingenommen, hilft bei Katarrhen der oberen Luftwege, heilt Entzündungen in Mund- und Rachenhöhle und kräftigt den Magen. Quendel ist übrigens wilder Thymian.

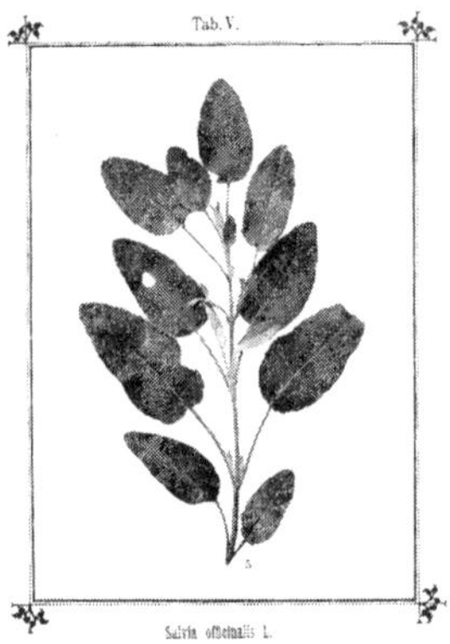

Sanddornlikör

ZUTATEN

750 g Sanddornbeeren, 250 g brauner Kandis, 50 g Honig, ¾ l Korn, 400 g Zucker, ½ l Weinbrand

ZUBEREITUNG

Sanddornbeeren sorgfältig verlesen, ggf. waschen und abtropfen lassen. Mit dem Stabmixer pürieren, mit Kandiszucker vermischen und 24 Stunden stehen lassen. In einem Topf zum Kochen bringen, Honig einrühren und abkühlen lassen. Mit Korn vermischen, in ein dunkles Gefäß geben und fest verschlossen an einem warmen Ort ziehen lassen. Nach 8–12 Wochen durch ein Tuch seihen, den Rest mit der Hand auspressen. Anschließend aus Zucker und 200 ml Wasser einen Sirup kochen. Nach dem Abkühlen alles zusammen mit dem Weinbrand zum Ansatz geben. In schöne Flaschen füllen und fest verschließen.

Omas Rat

Sanddornbeeren sind sehr sauer. Wer den Likör süßer mag, kann die Zucker- oder Honigmenge nach Belieben erhöhen. Wer es aber gern sehr sauer mag, reduziert die Zuckermenge um ein Viertel. Sehr gut schmeckt der Sanddornlikör auch mit 1 Vanilleschote. Hierzu das Mark auskratzen und zu Beeren, Zucker und Alkohol ins Gefäß geben.

Schlehenlikör

Zutaten

1 kg Schlehen, 500 g brauner Kandis, 1 Zimtstange, 1 Vanilleschote, 1½ l Gin

Zubereitung

Schlehen waschen und trocken tupfen. In einen großen Topf geben und mit kochendem Wasser so weit übergießen, dass die Schlehen gerade bedeckt sind. Ansatz über Nacht stehen lassen. Wasser abgießen. Früchte schichtweise mit Kandis in eine große Schüssel geben und noch einmal über Nacht stehen lassen, damit sich der Zucker auflösen kann. Ansatz zusammen mit Zimtstange und aufgeschlitzter Vanilleschote in eine ausreichend große Flasche geben und mit Gin auffüllen. Likör 4–6 Wochen reifen lassen, bis sich die Flüssigkeit in ein tiefes Karminrot verfärbt hat. Zum Schluss in Flaschen filtern.

Schwarzer Johannisbeerlikör

Zutaten

300 g Schwarze Johannisbeeren, 1 TL Anissamen, 150 g Zucker, 0,7 l Weizenkorn

ZUBEREITUNG

Die Johannisbeeren waschen, putzen, verlesen, von den Rispen streifen und mit einer Gabel zerdrücken. Den Johannisbeerbrei mit Anissamen und Zucker in ein weithalsiges Gefäß geben, den Korn hinzufügen. Das Gefäß verschließen und 3 Wochen an einem dunklen, kühlen Ort ziehen lassen. Gelegentlich durchschwenken. Den fertigen Likör durch ein feines Sieb abgießen und filtern. Den Likör in dekorative Flaschen füllen.

Tannengeist

ZUTATEN

6 junge Tannentriebe, ¾ l Gin

ZUBEREITUNG

Die Tannentriebe im Frühjahr pflücken und 1 Woche an einem warmen Ort trocknen lassen. Nadeln ablösen und in eine helle Flasche füllen. Mit Gin aufgießen und fest verschließen. An einem hellen, nicht zu warmen Ort 2–3 Monate ziehen lassen. Mehrmals gut durchschütteln. Durch ein Tuch abseihen, dann in Flaschen füllen und fest verschließen.

OMAS RAT

Wer den bitteren Geschmack dieses Schnapses gern versüßt hätte, gibt zum Ansatz je nach Geschmack 100–150 g weißen Kandiszucker.

Tausendgüldenkrautlikör

ZUTATEN

2 EL Tausendgüldenkraut, getrocknet, 1 l Rot- oder Weißwein, 1 EL Honig

Zubereitung

Tausendgüldenkraut in ein Gefäß geben und mit Wein auffüllen. 1 Woche ziehen lassen und anschließend abseihen. Honig hinzufügen und in eine Flasche abfüllen.

Waldmeisterlikör

Zutaten

30 Stängel Waldmeister, 1 l Schnaps, 200 g brauner Zucker

Zubereitung

Den frisch geernteten Waldmeister auf einer Fläche auslegen und etwas welken lassen. Zusammen mit dem Zucker in ein großes Einmachglas geben und mit Schnaps auffüllen. Gut verschlossen für 3–4 Wochen an einem hellen Ort reifen lassen. Dann durch ein feines Sieb oder ein Tuch in Flaschen abgießen. An einem kühlen Ort aufbewahren und 2 Monate nachreifen lassen.

Zitronen-Ingwer-Likör

Zutaten

80 g frischer Ingwer, 2 unbehandelte Zitronen, 200 g Zucker, 400 ml Wodka

Zubereitung

Den Ingwer dünn schälen und in feine Scheiben schneiden. Die Zitronen waschen, trocknen und die Schale so dünn abschälen, dass keine weißen Häute übrig bleiben. Die Zitronen auspressen und 100 ml Saft zusammen mit 200 ml Wasser, Zucker, Zitronenschale und Ingwer in einem Topf aufkochen. 10 Minuten bei mittlerer Hitze leise köcheln lassen. Abkühlen lassen. Den Wodka zugießen. Alles in eine saubere Flasche füllen und 2 Wochen ziehen lassen.

Essig & Öl

Basilikumessig

ZUTATEN

100 ml Essigessenz (25 %), 300 ml Weißwein, 1 Bd. Basilikum

ZUBEREITUNG

Essigessenz mit Weißwein und 100 ml Wasser verrühren. Basilikum waschen, trocken tupfen und in eine vorbereitete Flasche geben. Flüssigkeit vorsichtig dazugießen, verschließen und kühl stellen. Mindestens 5 Tage ziehen lassen.

Birnen-Zimt-Essig

ZUTATEN

4 Birnen, 2 Zimtstangen, 800 ml Obstessig

ZUBEREITUNG

2 fest verschließbare Flaschen gründlich reinigen. Birnen waschen, trocken reiben und vierteln. Das Kernhaus herausschneiden und die Viertel in Spalten schneiden. Birnenspalten mit Zimtstangen in die vorbereiteten Gefäße geben. Mit dem Obstessig auffüllen und verschließen. Die Gläser an einem kühlen Ort lagern. Nach 2 Wochen den Essig durch ein Sieb gießen und in steril gereinigte Gefäße füllen.

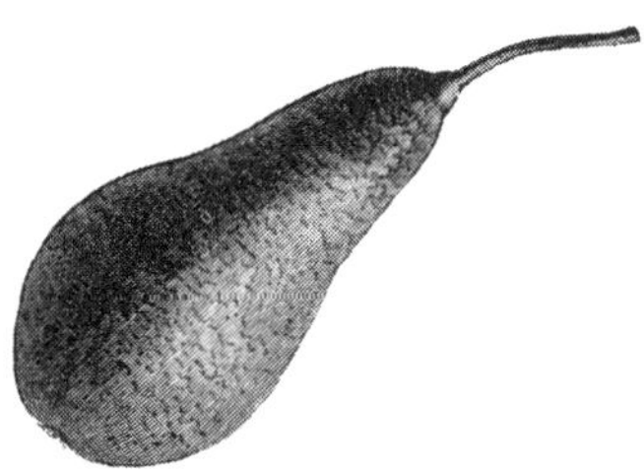

Dillessig

ZUTATEN

3 kleine Zweige Dill, ¾ l Weinessig

ZUBEREITUNG

Dill waschen und auf Küchenpapier sehr gut abtropfen lassen. Dill in eine Flasche geben, mit Essig übergießen, Flasche gut verschließen und kühl stellen.

Estragonessig

ZUTATEN

2 Zweige Estragon, Schale von ½ unbehandelten Zitrone, 2 Nelken, Weißweinessig

ZUBEREITUNG

Ein 1-l-Einmachglas mit Estragonzweigen und -blättern auffüllen. Zitronenschale sowie Nelken dazugeben und mit Essig auffüllen. Glas gut verschließen und 2 Wochen an einem sonnigen Ort stehen lassen. Abseihen, Blätter gut ausdrücken und den Essig durch einen Filter in eine vorbereitete Flasche füllen. Gut verkorken.

Himbeeressig

ZUTATEN

300 g Himbeeren, ½ l Weinessig

ZUBEREITUNG

Früchte verlesen, waschen, abtropfen lassen und in eine gut ausgespülte Flasche mit weitem Hals geben. Essig dazugießen und an einem sonnigen Ort 2 Wochen stehen lassen. Essig abgießen, in einem Topf einmal aufkochen und abkühlen lassen, wieder über die Himbeeren gießen. Flasche gut verschließen und kühl lagern.

Knoblauchessig

ZUTATEN

4 Knoblauchzehen, je 1 Zweig Basilikum, Estragon und Melisse, 1 Lorbeerblatt, 1 EL schwarzer Pfeffer (grob zerstoßen), ½ l Rotwein, 100 ml Essigessenz

ZUBEREITUNG

Knoblauch schälen, Kräuter waschen und trocken tupfen. Zusammen mit den Gewürzen in eine Flasche füllen. Rotwein und Essigessenz verrühren und darübergießen. Flasche gut verschließen und ca. 3 Wochen ziehen lassen. Essig abgießen, Gewürze dabei entfernen und Flüssigkeit wieder in die Flasche zurückschütten. Gut verschlossen aufbewahren.

OMAS RAT

Dieser Essig passt als kräftiges Dressing zu allen frischen Salaten.

Salbeiessig

ZUTATEN

100 ml Essigessenz (25 %), 300 ml Roséwein, 5 Salbeizweige

ZUBEREITUNG

Essigessenz mit Wein und 100 ml Wasser vermischen. Salbei waschen, trocken tupfen und in eine vorbereitete Flasche geben. Essig-Wein-Gemisch darübergießen und verschließen. Salbeiessig 5 Tage ziehen lassen.

Tomatenessig

ZUTATEN

800 g Cocktailtomaten, 2 Schalotten, 2 Knoblauchzehen, 1 Zweig Rosmarin, 500 ml Weinessig, 1 Lorbeerblatt, 1 TL Salz, 1 TL Zucker, 1 TL Pfefferkörner

Zubereitung

2 Flaschen sterilisieren. Tomaten waschen, trocken tupfen und je nach Größe halbieren oder vierteln. In die beiden Flaschen geben. Schalotten und Knoblauch abziehen. Schalotten in Streifen und Knoblauch in Scheiben schneiden. Rosmarin abspülen, gründlich trocken schütteln und Nadeln vom Zweig zupfen. Schalotten, Knoblauch und Rosmarin in einen Topf geben und mit Essig, Lorbeerblatt, Salz, Zucker und Pfefferkörnern aufkochen. Den Sud über die Tomaten in der Flasche geben, bis diese gut bedeckt sind. Die Flaschen fest verschließen und dunkel und kühl ca. 14 Tage stehen lassen. Dann den Essig durch ein Sieb gießen und wieder in Flaschen zurückfüllen.

Würziger Schalottenessig

Zutaten

6 kleine Schalotten, 3 Knoblauchzehen, 3 Zweige Rosmarin, 3 Zweige Estragon, 1 l Weißweinessig, 1 EL Zucker, 1 TL Salz, 1 Chilischote

Zubereitung

Schalotten und Knoblauchzehen schälen. Kräuter waschen und trocken tupfen. Weißweinessig mit Zucker und Salz vermischen und in eine Flasche mit weiter Öffnung und etwa 1 l Fassungsvermögen füllen. Schalotten, Knoblauchzehen, Kräuter und Chilischote hinzufügen. Flasche gut verschließen und an einem nicht zu hellen Ort aufbewahren. Das Aroma entfaltet sich innerhalb 1 Woche. Die Haltbarkeit beträgt ca. 6 Monate.

Zitronenessig

ZUTATEN

2 unbehandelte Zitronen, 2 Peperoni, 6 Pfefferkörner, ½ l Weißweinessig

ZUBEREITUNG

Zitronen heiß waschen, abtrocknen und mit einem Sparschäler spiralförmig schälen. Peperoni waschen. Zitronenschale, Peperoni und Pfeffer in die Flasche geben und mit Essig auffüllen, verschließen und an einem dunklen Ort ca. 1 Monat ziehen lassen. Gelegentlich kurz durchschütteln. Essig abseihen, wieder in die gut ausgespülte Flasche füllen und nach Belieben Zitronenschalenspiralen dazugeben. Ergibt 500 ml.

Basilikumöl mit Pinienkernen

ZUTATEN

2 Bd. Basilikum, 1 Bd. Schnittlauch, 700 ml mildes Olivenöl, 40 g Pinienkerne

ZUBEREITUNG

Flasche säubern und abtropfen lassen. Basilikum und Schnittlauch unter kaltem Wasser abspülen und trocken schütteln. Basilikum mit 100 ml Olivenöl in einer hohen Rührschüssel mit dem Stabmixer pürieren. Die Masse in die gut gereinigte Flasche füllen und mit dem restlichen Olivenöl auffüllen. Pinienkerne in einer beschichteten Pfanne unter Schwenken ohne Fett leicht anrösten. Pinienkerne und Schnittlauch im Ganzen in die Flasche geben. Diese fest verschließen und im Kühlschrank ca. 24 Stunden durchziehen lassen, denn dann hat das Öl das Basilikumaroma gut angenommen.

Exotisches Öl

ZUTATEN

1 unbehandelte Zitrone, 2 Knoblauchzehen, 2 Thai-Chilischoten, 1 EL Koriandersamen, 1 Muskatnuss, 300 ml mildes Olivenöl

ZUBEREITUNG

Eine gut verschließbare Flasche säubern und abtropfen lassen. Die Zitrone heiß waschen und mit Küchenkrepp trocken reiben. Dann mit einem Sparschäler so dünn schälen, dass die weißen Innenhäute an der Frucht bleiben. Die Knoblauchzehen abziehen. Chilischoten waschen und abtrocknen. Zitronenschale mit Knoblauchzehen, Chilischoten, Koriandersamen und Muskatnuss in die Flasche geben. Das Ganze mit Olivenöl auffüllen. Fest verschließen und an einem dunklen und kühlen Ort ca. 4 Tage stehen lassen.

Gewürztes Sesamöl

ZUTATEN

1 TL weiße Pfefferkörner, 2 Pimentkörner, 2 Wacholderbeeren, 1 Knoblauchzehe, 1 EL Kräuter, gehackt, ¾ l Sesamöl

ZUBEREITUNG

Gewürze, geschälte Knoblauchzehe und Kräuter in ein gut verschließbares Gefäß geben. Öl darübergießen, verschließen und 14 Tage ziehen lassen. Das gewürzte Öl durch ein Sieb gießen, in eine Flasche füllen, verschließen und anschließend kühl stellen.

Kräuter in Öl

ZUTATEN

2 kleine Zweige Thymian, 1 kleiner Zweig Rosmarin, 2 Chilischoten, 1 Lorbeerblatt, 2 Gewürznelken, ¾ l Olivenöl

Zubereitung

Thymian- und Rosmarinzweige 2–3 Tage zum Trocknen aufhängen. Chilischoten waschen und gut abtrocknen. Kräuter, Chilischoten und Nelken in eine vorbereitete Flasche geben. Öl darübergießen, gut verschließen und kühl stellen. Nach 2–3 Wochen Öl filtern, in Flaschen füllen und luftdicht verschließen.

Lorbeeröl

Zutaten

5 Lorbeerblätter, ½ TL weiße Pfefferkörner, ¾ l Olivenöl

Zubereitung

Lorbeerblätter und Pfefferkörner in eine gut ausgespülte Flasche geben, mit Öl übergießen, Flasche gut verschließen und kühl stellen.

Pikantes Öl

ZUTATEN

1 Zweig Rosmarin, 4 Knoblauchzehen, 6 kleine rote Chilischoten, 1 l Olivenöl

ZUBEREITUNG

2 fest verschließbare Flaschen mit ausreichend großer Öffnung gut säubern und abtropfen lassen. Rosmarin unter kaltem Wasser abspülen und gründlich trocken schütteln. Ungeschälten Knoblauch und Chilischoten waschen und abtrocknen. Rosmarin mit ungeschältem Knoblauch und den ganzen Chilischoten in die gereinigten Flaschen füllen. Mit Olivenöl aufgießen und Flaschen gut verschließen. Das pikante Öl an einem dunklen und kühlen Ort aufbewahren. Bereits nach ca. 4 Tagen kann das Olivenöl verwendet werden.

Rosmarinöl

ZUTATEN

2 Zweige Rosmarin, 300 ml Olivenöl

ZUBEREITUNG

1 fest verschließbare Flasche gründlich reinigen und abtropfen lassen. Rosmarinzweige kalt abbrausen, trocken tupfen und halbieren; in die vorbereitete Flasche stecken. Mit dem Olivenöl auffüllen und die Flasche fest verschließen. An einem dunklen Ort 3–4 Tage ziehen lassen.

Salbei-Knoblauch-Öl

ZUTATEN

6 Knoblauchzehen, 12 Salbeiblätter, 500 ml Olivenöl

ZUBEREITUNG

Eine Flasche gut säubern und abtropfen lassen. Den Knoblauch mit Schale unter kaltem Wasser waschen und trocken tupfen. Knoblauch längs mit einem Messer einschneiden. Salbeiblätter kalt abspülen und mit Küchenkrepp trocken tupfen. Salbei und Knoblauch in die gut gereinigte Flasche geben. Mit Olivenöl auffüllen. Die Flasche 1 Woche an einem kühlen, dunklen Ort stehen lassen, bis das Öl das Aroma angenommen hat.

Thymianöl

ZUTATEN

3 Zweige Thymian, 2 getrocknete Chilischoten, 1 Lorbeerblatt, 2 Nelken, 1 TL Salz, ¾ l Pflanzenöl

ZUBEREITUNG

Thymian waschen, trocken tupfen. Kräuter und Gewürze in eine Flasche geben und mit Öl aufgießen. Flasche gut verschließen und kühl lagern. Die Chilischoten müssen nach maximal 2 Wochen abfiltriert werden.

OMAS RAT

Thymianöl eignet sich gut zur Zubereitung von Fleischgerichten.

Wacholderöl

ZUTATEN

2 TL Wacholderbeeren, 2 Nelken, ¾ l Pflanzenöl

ZUBEREITUNG

Wacholderbeeren und Nelken in eine gut ausgespülte Flasche geben, mit Pflanzenöl aufgießen und verschließen. Wacholderöl gut gekühlt aufbewahren.

Zitrusöl mit Dill

ZUTATEN

1 kleines Bd. Dill, 1 unbehandelte Zitrone, 3 unbehandelte Limetten, 450 ml mildes Olivenöl

ZUBEREITUNG

Flasche mit ausreichend großer Öffnung gut säubern und abtropfen lassen. Dill unter kaltem Wasser abspülen, trocken schütteln und von sehr groben Stielenden befreien. Zitrone und Limetten heiß abspülen und bürsten, anschließend mit Küchenkrepp trocken reiben. Alle Zitrusfrüchte mit einem Sparschäler schälen und Früchte in Scheiben schneiden. Schalen, Fruchtscheiben und Dill in die vorbereitete Flasche geben. Mit Olivenöl aufgießen. Öl im Kühlschrank 3 Tage durchziehen lassen.

OMAS RAT

Dieses Zitrusöl sollte innerhalb von 2 Wochen aufgebraucht werden. Es passt gut zu Salaten und Soßen.

Rezepte mit Eingemachtem

Apfeltaschen

ZUTATEN

3 Platten Blätterteig, 300 g Apfelkompott, 1 Eigelb, 2 EL Puderzucker, 2 TL Zitronensaft

ZUBEREITUNG

Backofen auf 200 Grad vorheizen. Die Blätterteigplatten quer halbieren und die Hälften jeweils auf ca. die doppelte Länge ausrollen. Jeweils auf die eine Hälfte der ausgerollten Teigplatten etwas Apfelkompott geben, die andere Hälfte über die Füllung schlagen und die Ränder mit einer Gabel festdrücken. Die Apfeltaschen auf ein mit Backpapier belegtes Blech geben, mit dem verquirlten Eigelb bestreichen und im heißen Ofen ca. 20 Minuten goldbraun backen. Puderzucker und Zitronensaft verrühren. Apfeltaschen aus dem Ofen nehmen, kurz abkühlen lassen und mit dem Guss bestreichen.

Aprikosentörtchen

ZUTATEN

3 Platten Blätterteig, Mehl für die Arbeitsfläche, 1 Ei, 150 g Aprikosenhälften (Dose), 3 TL Pfirsich- oder Aprikosenkonfitüre, 200 g Sahne, 1 Päckchen Bourbon-Vanillezucker, 300 g Vanillejoghurt, Puderzucker

ZUBEREITUNG

Teigplatten aufeinanderlegen und auf der leicht bemehlten Arbeitsfläche zu einem Rechteck von ca. 30 cm x 40 cm ausrollen. Backofen auf 200 Grad vorheizen. Teigplatte in 8 kleine Rechtecke schneiden, dann alle Teigecken einschlagen und andrücken. Ei verquirlen und Blätterteig damit bestreichen. Die Teigecken im heißen Ofen ca. 14 Minuten goldbraun backen. Aprikosenhälften in einem Sieb abtropfen lassen, dann in schmale Scheiben schneiden und fächerartig auf den Teigböden verteilen. Backofengrill vorheizen. Konfitüre in einem Topf erhitzen und Aprikosenscheiben damit bestreichen.

Törtchen 3–5 Minuten grillen. Sahne mit Vanillezucker steif schlagen und den Vanillejoghurt untermengen. Törtchen mit Puderzucker und Vanillesahne anrichten.

Arme Ritter mit Aprikosenkonfitüre

ZUTATEN

4 Scheiben Weißbrot, 4 EL Aprikosenkonfitüre, 2 Eier, 1/8 l Milch, 1 EL Zucker, 1 EL Butter, Puderzucker

ZUBEREITUNG

Je eine Scheibe Weißbrot mit einem Esslöffel Konfitüre bestreichen. Jeweils mit einer anderen Scheibe zusammenkleben. Die Eier mit Milch und Zucker verquirlen. „Doppeldecker" kräftig eintauchen und in heiß schäumender Butter von beiden Seiten knusprig braten. Auf vorgewärmte Teller legen und obenauf einen Löffel Konfitüre setzen. Mit Puderzucker überstäuben.

Biskuitrolle

ZUTATEN

4 Eier, Salz, 200 g Zucker, 125 g Mehl, ½ TL Backpulver, 1 Päckchen Vanillezucker, Himbeerkonfitüre, Puderzucker zum Bestäuben

ZUBEREITUNG

Den Backofen auf 200 Grad vorheizen. Die Eier trennen und das Eiweiß mit einer Prise Salz steif schlagen. Das Eigelb mit Zucker schaumig rühren. Mehl, Backpulver und Vanillezucker zur Ei-Zucker-Mischung geben und verrühren. Den Eischnee unterheben. Den Biskuitteig auf ein mit Backpapier ausgelegtes Backblech geben, gleichmäßig glatt streichen und ca. 20 Minuten backen. Den fertig gebackenen Biskuit auf ein sauberes Geschirrhandtuch stürzen und das Backpapier entfernen. Mit Konfitüre bestreichen und mithilfe des Tuches zusammenrollen, solange der Biskuit noch warm ist. Mit Puderzucker bestäubt servieren.

Omas Rat

Wichtig ist, dass die Teigplatte beim Rollen noch warm ist, da sie sonst leicht brechen kann.

Bratäpfel

Zutaten

4 kochfeste Äpfel; für den Sud: 1 Teil Wasser, 1 Teil Weißwein, 1 EL Zucker, etwas Zitronensaft; für die Füllung: 250 g Preiselbeerkompott oder Johannisbeermarmelade; zum Überbacken: 100 g Marzipan, 20 ml Rum, 2 Eiweiß; zum Garnieren: einige Mandelsplitter; Butter für die Form

Zubereitung

Gewaschene Äpfel schälen, das Kernhaus ausstechen und in dem abgeschmeckten Sud gute 5 Minuten dünsten. Sie sollen einen guten Biss besitzen. Äpfel halbieren, mit dem Kompott oder der Marmelade füllen und in eine gefettete Auflaufform setzen. Marzipan weich kneten, mit einem Schuss Rum dem bereits vorbereiteten steifen Eischnee untermischen. Die Masse auf die Äpfel verteilen und bei 200–220 Grad etwa 15 Minuten überbacken. Kurz vor Ende der Garzeit die Mandelsplitter einstecken. Mit heißer Vanillesoße, Vanilleeis oder Eierlikör reichen.

Brottorte

Zutaten

150 g Schwarzbrotbrösel, Butter zum Rösten, 3 EL Rum, 6 Eier, 200 g Zucker, 1 TL Zimt, 1 Prise geriebene Muskatnuss, etwas abgeriebene, Zitronenschale (unbehandelt), 150 g geriebene Mandeln, 150 g Johannisbeermarmelade; Butter und Paniermehl für die Form

Zubereitung

Schwarzbrotbrösel in etwas Butter rösten und mit Rum tränken. Eier trennen. Eine Schaummasse aus Eigelb, Zucker,

Gewürzen und Zitronenschale herstellen. Mandeln und gut durchgezogene Schwarzbrotbrösel untermengen; zuletzt steifen Eischnee unterziehen. Eine Tortenform mit Butter ausstreichen, mit Paniermehl ausstreuen (die Form dabei hin und her bewegen und die Brösel, die nicht haften bleiben, ausschütten) und die Schwarzbrotmasse einfüllen. Bei 180 Grad 1 Stunde backen. Abgekühlten Kuchen aus der Form nehmen und am besten erst am nächsten Tag mit der Marmelade füllen. Dabei die Torte in der Mitte längs durchschneiden, mit Marmelade bestreichen und wieder zusammensetzen.

Omas Rat

Nach Belieben mit Schokoladenglasur überziehen. Diese Torte schmeckt am besten, wenn sie ein paar Tage durchgezogen ist.

Erdbeertorte

Zutaten

200 g Blätterteig, 500 g Erdbeeren, 350 g Johannisbeergelee zum Bestreichen

Zubereitung

Blätterteig dünn ausrollen und mit einem Springformrand ausstechen. Auf ein kalt abgespültes Blech setzen und bei ca. 225 Grad 15 Minuten backen. Inzwischen Erdbeeren waschen, entstielen und trocken tupfen. Den Teigboden auf einem Kuchengitter abkühlen lassen. Erdbeeren nebeneinander auf den Teigboden setzen. Johannisbeergelee in einem Topf kurz erwärmen, 1 Minute köcheln lassen und Erdbeeren damit bestreichen.

OMAS RAT

Sofort mit frischer Schlagsahne servieren, denn die saftigen Früchte weichen den Boden schnell auf und seine Knusprigkeit geht verloren! Wer es eilig hat, verwendet tiefgekühlten Blätterteig.

Faschingskrapfen nach Wiener Art

ZUTATEN

500 g Mehl, 40 g Hefe, 40 g Zucker, 1/8 l lauwarme Milch, 1 Päckchen Vanillinzucker, 1 Prise Salz, 1 Prise Kardamom, abgeriebene Schale von ½ unbehandelten Zitrone, 2 Eier, 1 Eigelb, 100 g Butter, Mehl zum Ausrollen; für die Füllung: 180 g Aprikosenmarmelade; 2 kg Schweineschmalz oder Kokosfett zum Ausbacken, 150 g feiner Zucker zum Bestreuen, Mehl für die Arbeitsfläche

ZUBEREITUNG

2/3 des Mehls in eine Schüssel sieben. In die Mitte eine Mulde drücken und die Hefe hineinbröckeln. Mit 1 TL Zucker, der Milch und etwas Mehl zu einem Vorteig rühren. Zugedeckt an einem warmen Ort 15 Minuten gehen lassen. Restlichen Zucker, Vanillinzucker, Salz, Kardamom und Zitronenschale mit den Eiern, Eigelb und zerlassener, abgekühlter Butter und dem übrigem Mehl in der Schüssel mit dem Vorteig zu einem glatten Teig verkneten. Teig so lange schlagen, bis er Blasen wirft. Krapfenteig muss weich und zart, aber trocken sein. Werden zu große Eier verwendet, kann der Teig leicht klebrig werden, dann noch etwas Mehl unterkneten. Ist der

Teig zu fest, helfen 1–2 EL lauwarme Milch, die den Teig geschmeidiger machen. Teig mit einem sauberen Küchentuch zugedeckt an einem warmen Ort mindestens 20 Minuten gehen lassen. Das Teigvolumen soll sich dabei etwa verdoppeln. Teig dann auf bemehlter Fläche etwa 5 mm dick ausrollen. Auf der einen Teighälfte mit einer Rundform oder einem Glas Kreise von etwa 6 cm Durchmesser andeuten. Jeweils in die Mitte der Kreise 1 TL Aprikosenmarmelade geben. Die andere Teighälfte darüberklappen.
Jetzt rund um die Marmeladenhäufchen die Plätzchen ausstechen. Ränder dabei gut zusammendrücken, damit keine Marmelade auslaufen kann. Teigreste verkneten, wieder ausrollen und ebenso ausstechen. Krapfen auf ein bemehltes Backbrett legen und nochmals an einem warmen Ort mit einem Küchentuch abgedeckt 15 Minuten gehen lassen. In der Zwischenzeit Schweineschmalz oder Kokosfett in der Fritteuse auf 180 Grad erhitzen. Immer 2–3 Krapfen auf einmal mit einem Schaumlöffel vorsichtig ins heiße Fett gleiten lassen. Im geschlossenen Topf 3 Minuten schwimmend ausbacken. Den Deckel abnehmen, Krapfen umdrehen und im offenen Topf nochmals 3 Minuten ausbacken. Krapfen mit dem Schaumlöffel herausnehmen und auf Haushaltspapier abtropfen lassen. Mit Zucker bestreut noch warm servieren. Ergibt 20 Stück.

Omas Rat

Wer Krapfen selbst backt, sollte Folgendes beachten: Je mehr Eigelb man für den Teig verwendet, desto weniger saugen die Krapfen Fett auf und desto kalorienärmer und bekömmlicher sind sie.

Feiner Apfelkuchen

Zutaten

150 g Butter, 100 g Zucker, 1 Päckchen Vanillinzucker, abgeriebene Schale von 1 unbehandelten Zitrone, 4 Eier, 250 g

Mehl, ½ Päckchen Backpulver, 1 Schuss Milch, knapp 1 kg Äpfel (z. B. Cox Orange), 4 EL Aprikosenmarmelade, 2 EL Rum zum Bestreichen; Butter für die Form

ZUBEREITUNG

Butter mit Zucker und Vanillinzucker schaumig rühren und Zitronenschale hinzufügen. Eier nacheinander unterrühren. Mehl mit Backpulver sieben, löffelweise unter die Schaummasse rühren und etwas Milch unterrühren. Der Teig soll schwer vom Löffel gehen. Äpfel schälen, vierteln, vom Kerngehäuse befreien und fächerförmig einschneiden. Eine Springform einfetten, den Teig einfüllen und die Äpfel leicht eindrücken. Dann den Kuchen im vorgeheizten Ofen bei 175 Grad 1 Stunde backen. Etwas auskühlen lassen, dann aus der Form lösen und auf einem Kuchengitter auskühlen lassen.

Aprikosenmarmelade in einem kleinen Töpfchen mit Rum unter Rühren erhitzen. Die Oberfläche des Apfelkuchens gleichmäßig damit bestreichen und den Kuchen vor dem Servieren in 12 Stücke schneiden.

OMAS RAT

Beim Schälen von Äpfeln geht viel kostbares Fruchtfleisch verloren. Deshalb die Äpfel kurz vor dem Schälen in kochendes Salzwasser tauchen, dann löst sich die Schale wie von selbst. Apfelkuchen wird beim Backen nicht braun, wenn man die Äpfel mit etwas Zitronensaft beträufelt, denn dieser verhindert, dass der Apfel oxidiert.

Fürst-Pückler-Bombe

ZUTATEN

¾ l Sahne, 200 g Schokoladenpulver, 300 g Zucker, 150 g frische Erdbeeren, einige Tropfen rote Lebensmittelfarbe, 60 g geriebene Makronen, 4 cl Maraschino, 200 g Rumtopffrüchte zum Garnieren

ZUBEREITUNG

Sahne steif schlagen und auf 3 Schüsseln gleichmäßig verteilen. Ersten Teil mit Schokoladenpulver verrühren und beiseitestellen. Zweite Schüssel Sahne mit 150 g Zucker und zerkleinerten Erdbeeren mischen. Etwas rote Lebensmittelfarbe zugeben. Restlichen Zucker, geriebene Makronen und Maraschino mit der letzten Schüssel Sahne vermischen. Eine Eiskegelform oder ein ähnliches Gefäß kalt ausspülen und die verschiedenen Sahnesorten nacheinander einfüllen, dabei die Masse dazwischen immer glatt streichen. Zum Abschluss ein gefettetes Pergamentpapier darüberlegen. Im Eisschrank so lange aufbewahren, bis die Masse gefroren ist. Eine Servierplatte bereithalten und die Form, damit sie sich besser stürzen lässt, mit kaltem Wasser abbrausen (bei hartnäckigen Fällen kurz in warmes Wasser tauchen). Gestürztes Eis mit Rumtopffrüchten rundherum garnieren und sofort servieren. Ergibt 10 Portionen.

Eismaschinen
amerikanisch. System
sind seit Jahren vorzüglich bewährt. Dieselben liefern binnen 15—25 Minuten das beste Speise-Eis mit geringem Aufwand von Mühe und Kosten.

Gefüllte Äpfel

ZUTATEN

2 EL Butter, 4 große Äpfel, 200 g Johannisbeerkonfitüre oder andere Konfitüre nach Geschmack, 2 EL Mandelsplitter, 4 EL Johannisbeerlikör, ¼ l Weißwein

ZUBEREITUNG

Eine feuerfeste Form mit der Butter ausstreichen. Die Äpfel waschen und abtrocknen. Mithilfe eines Rundstechers das

Kerngehäuse entfernen. Die Johannisbeerkonfitüre glatt rühren und die Mandelsplitter beimengen. Die ausgehöhlten Äpfel füllen und in die Form setzen. Die Oberfläche der Äpfel mit Likör beträufeln und mit Weißwein angießen. Die Form in den auf etwa 200 Grad vorgeheizten Ofen schieben. Die Backzeit beträgt knapp ½ Stunde. Heiß servieren.

Omas Rat

Nach Belieben eine weitere Konfitüre oder Marmelade dazu reichen.

Gefüllte Omeletts

Zutaten

4 Eier getrennt, ca. 50 g Zucker, 1–2 EL Milch, 1 TL Mehl, Fett zum Backen, etwa 4–6 EL Marmelade zum Füllen, 2 Bananen, Puderzucker für die Garnitur

Zubereitung

Das Eiweiß mit der Hälfte des Zuckers zu schnittfestem Schnee schlagen. Die Eigelbe mit Milch und dem restlichen Zucker schaumig schlagen. Mehl einsieben und zusammen mit dem Eischnee unterheben. Das Fett in einer Pfanne erhitzen. Zwei schöne Omeletts herstellen. Auf vorgewärmte Teller legen und mit Marmelade einstreichen. Die Bananen in dünne Scheiben schneiden und auf eine halbe Seite der Omeletts legen. Die andere Hälfte darüberklappen. Mit Puderzucker überstäuben.

Gratinierte Birnen

ZUTATEN

4 Birnen, ¼ l Weißwein, 1 kräftige Prise Zucker, Saft von ½ Zitrone, 8 EL Preiselbeerkonfitüre, 4 Eiweiß, 1 Päckchen Vanillezucker

ZUBEREITUNG

Die Birnen schälen, längs halbieren und jeweils eine Vertiefung aushöhlen. In einen Kochtopf legen und bedeckt mit Weißwein und Wasser zum Pochieren aufstellen. Zucker und Zitronensaft hinzufügen. Nach etwa 5 bis 8 Minuten die Birnen herausnehmen. Jede Hälfte mit Preiselbeerkonfitüre füllen und in eine feuerfeste Form setzen. Leicht mit Birnenfond umgießen. Die Eiweiße mit Vanillezucker steif schlagen. Über die Birnenhälften streichen. In den vorgeheizten Ofen schieben und überbacken.

Hagebuttensuppe

ZUTATEN

300 g Hagebuttenmark, ¼ l Apfelsaft, ½ Zimtstange, dünn geschnittene Schale und Saft von ½ Zitrone, 1 EL Speisestärke, nach Geschmack 80 bis 100 g Zucker

ZUBEREITUNG

Das Hagebuttenmark mit ca. ¾ l Wasser und dem Apfelsaft glatt rühren. Mit den übrigen Zutaten 1- bis 2-mal aufkochen. Zuletzt mit angerührter Speisestärke binden.

OMAS RAT

Dazu passt getoastetes Rosinen- oder Müslibrot.

Himbeer-Charlotte mit Vanillesoße

ZUTATEN

400 g Löffelbiskuits, 0,2 l Zuckersirup (halb Zucker, halb Wasser kochen), 5 cl Himbeergeist oder -likör, ¼ kg Himbeeren (frisch oder TK-Ware), ½ kg Himbeerkonfitüre; für die Soße: 3 Eigelb, 50 g Zucker, ¼ l Milch, 1 Vanilleschote

ZUBEREITUNG

Den Boden einer Charlottenform oder ähnlichen Form dicht mit Löffelbiskuits auslegen. Mit einem Teil des Zuckersirups und Himbeergeist oder -likör beträufeln. Himbeeren verlesen, waschen und abtropfen lassen. Mit der Himbeerkonfitüre vermischen. Einen Teil auf die getränkten Löffelbiskuits verstreichen. Biskuits darauflegen und wieder Himbeerkonfitüre darübergeben. Mit Biskuits abschließen. Mit Klarsichtfolie bedecken und mithilfe eines Bretts oder Gewichts beschweren. In den Kühlschrank stellen; mindestens 12 Stunden ziehen lassen. Die Eigelbe mit Zucker schaumig rühren. Milch mit aufgeschlitzter Vanilleschote aufkochen. Die Schote entfernen, wobei das Mark ausgekratzt wird und in der Milch bleibt. Die heiße Milch vorsichtig unter die Eigelbe rühren. Nochmals leicht erhitzen, aber nicht mehr kochen. Durch ein feines Haarsieb gießen – fertig. Die Charlotte stürzen und mit Vanillesoße reichen.

Husarenkrapferl

ZUTATEN

200 g Butter, 90 g Zucker, 2 Eigelb, 1 Päckchen Vanillinzucker, 1 Prise Salz, 300 g Mehl, 80 g gemahlene Haselnüsse, 150 g Johannisbeerkonfitüre, Puderzucker zum Bestäuben

ZUBEREITUNG

Butter mit Zucker, Eigelben, Vanillinzucker und Salz verkneten. Mehl darübersieben, Haselnüsse dazustreuen und alles rasch zu einem Mürbeteig verkneten. Zugedeckt 2 Stunden kühl stellen. Den Teig zu einer Rolle formen und in Scheiben schneiden. Die Scheiben zu Kugeln rollen und in die Mitte jeweils mit einem Kochlöffelstiel eine Vertiefung drücken. Auf ein Backblech setzen und bei 200 Grad auf mittlerer Schiene 15–20 Minuten backen. Auf einem Kuchengitter auskühlen lassen, dann mit Puderzucker dick besieben. Die Konfitüre erhitzen, in die Vertiefungen füllen und 1–2 Tage trocknen lassen. Die Plätzchen in einer Blechdose aufbewahren.

OMAS RAT

Sie können die Plätzchen auch mit Himbeer- oder Sauerkirschkonfitüre füllen.

Kaffeeklatsch-Schnitten

ZUTATEN

8 Eier, getrennt, 100 g Zucker, 80 g Mehl, 20 g Speisestärke, 1 EL Kakaopulver, 100 g geriebene Haselnüsse; für die Füllung: ½ l Milch, 4 EL Zucker, 1 Päckchen Schokoladenpuddingpulver, 250 g Butter, 5 cl Weinbrand, ½ Glas Johannisbeer- oder Himbeerkonfitüre; für die Garnitur: 3 EL Schokoladenstreusel, 12 kleine Pralinen; Zucker zum Stürzen

ZUBEREITUNG

Ein Backblech mit Backpapier auslegen. Den Backofen auf 240 Grad vorheizen. Eigelbe mit der Hälfte des Zuckers schaumig rühren. Eiweiße mit restlichem Zucker steif schlagen und unterheben. Mehl mit Speisestärke und Kakaopulver darübersieben; Haselnüsse unterziehen. Den Biskuitteig auf das Backpapier streichen und auf der mittleren Einschubleiste etwa 8 Minuten backen. Die Teigplatte auf ein mit Zucker bestreutes Tuch stürzen, mit einem angefeuchteten Tuch bedecken und erkalten lassen. Backpapier abziehen. Teig 2 Stunden ruhen lassen, dann in 3 Lagen schneiden. Für die Füllung aus Milch, Zucker und Puddingpulver einen Pudding bereiten. Butter schaumig rühren und Weinbrand zugeben. Mit dem erkalteten Pudding verrühren. 2 Biskuitlagen mit Konfitüre und Buttercreme bestreichen. Alle Böden übereinanderlegen, den Block rundum mit Creme bestreichen und mit Schokoladenstreuseln überziehen. In 12 Schnitten schneiden, mit restlicher Creme und Pralinen verzieren.

Omas Rat

Pergamentpapier eignet sich hervorragend zur Lagerung von Lebensmitteln und ist atmungsaktiver als Folie.

Käsekuchen

Zutaten

Für den Teig: 300 g Mehl, 20 g Hefe, 6 EL lauwarme Milch, 1 Ei, 100 g Zucker, 30 g flüssige Butter, 1 Prise Salz; für den Belag: 200 g Quark, 4 EL kalter Vanillepudding, 1 Ei, 50 g Zucker, 50 g flüssige Butter, abgeriebene Schale von 1 unbehandelten Zitrone, 1½ kg Äpfel; zum Garnieren: Aprikosenmarmelade, 100 g Mandelblättchen; Fett für das Blech

Zubereitung

Für den Teig Mehl in eine Schüssel sieben und eine Mulde in die Mitte drücken, dann die Hefe hineinbröckeln. Milch daraufgeben, zum Vorteig verrühren und zudecken. An einem warmen Ort bis zur doppelten Masse gehen lassen. Ei, Zucker, aufgelöste, abgekühlte Butter und Salz dazugeben.

Kräftig kneten, bis sich der Teig vom Schüsselrand löst, und auf einem rechteckigen, gefetteten Backblech ausrollen. Für den Belag Quark cremig rühren und mit Vanillepudding, Ei, Zucker, Butter und Zitronenschale verrühren. Auf den Teig streichen. Äpfel schälen, vierteln, vom Kerngehäuse befreien, in Scheiben schneiden und auf der Quarkmasse verteilen. Im vorgeheizten Backofen bei 200 Grad 45 Minuten backen, anschließend aus dem Ofen nehmen. Aprikosenmarmelade heiß werden lassen und den Kuchen damit bestreichen. Dann geröstete Mandelblättchen darüberstreuen. In 30 rechteckige Stücke schneiden.

Omas Rat

Nicht alles muss in den Küchenabfall geworfen werden: Aus den Schalen eines ungespritzten Apfels können Sie z. B. einen aromatischen Tee zubereiten.

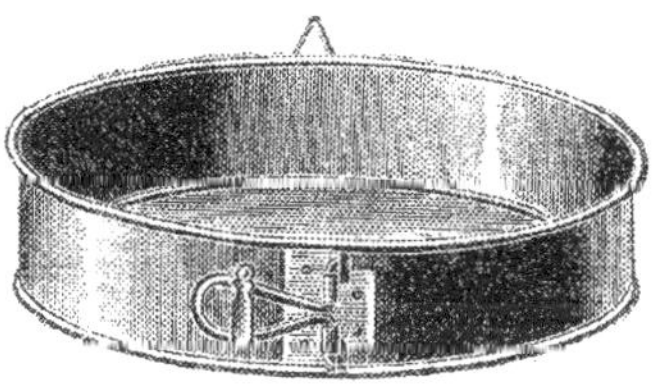

Krümelkuchen

Zutaten

200 g Butter, 200 g Zucker, 1 Ei, abgeriebene Schale von 1 unbehandelten Zitrone, 500 g Mehl, 1 TL Backpulver, 450 g Sauerkirschkonfitüre, 50 g geschälte, gemahlene Mandeln; Butter für die Form, Puderzucker zum Bestäuben

Zubereitung

Eine Springform von 26 cm Durchmesser einfetten und den Backofen auf 220 Grad vorheizen. Butter mit Zucker schaumig rühren und Ei sowie Zitronenschale unterrühren. Die

Hälfte des Mehls mit dem Backpulver sieben und einige Löffel unter die Schaummasse rühren. Restliches Mehl hinzufügen und alles rasch zu Krümeln verarbeiten. Die Hälfte des Teigs in die Springform füllen und die Konfitüre darüberstreichen. Restlichen Teig mit Mandeln vermischen und über die Konfitüre krümeln. Den Kuchen auf der mittleren Schiene im vorgeheizten Ofen 1 Stunde bei 160 Grad backen. Auf einem Kuchengitter auskühlen lassen und mit Puderzucker bestäuben.

OMAS RAT

Ein schneller Kuchen für Gäste. Den Kuchen zum Aufbewahren in Stücke schneiden und in eine Blechdose geben.

Liegnitzer Bomben

ZUTATEN

120 g Zucker, 200 g flüssiger Honig, 65 g Butter, 1 EL Sahne, 2 Eier, Saft und abgeriebene Schale von ½ unbehandelten Zitrone, ½ TL gemahlene Nelken, ½ TL gemahlener Kardamom, 1 TL Zimt, 1 Prise geriebene Muskatnuss, 30 g Kakaopulver, je 65 g Korinthen, gewürfeltes Zitronat, gehackte, gehäutete Mandeln, 250 g Mehl, 2½ TL Backpulver; zum Garnieren: 200 g Aprikosenkonfitüre, 250 g Kuvertüre; Butter für die Form

ZUBEREITUNG

Zucker, Honig, Butter und Sahne mischen. Unter Rühren bei schwacher Hitze erwärmen und abkühlen lassen. Eier, Zitronensaft und -schale, Gewürze und Kakaopulver in eine Schüssel geben, vermischen und löffelweise unter die abgekühlte Honigmasse rühren. Korinthen, Zitronat, Mandeln, Mehl und Backpulver mischen und unter die Honigmasse rühren. Förmchen einfetten und auf ein Blech stellen. Den Teig esslöffelweise einfüllen. Im vorgeheizten Backofen bei 180 Grad 20 Minuten backen. Sofort aus den Förmchen lösen und auskühlen lassen. Konfitüre durch ein Sieb passieren, mit 2 EL Wasser verrühren, aufkochen, das Gebäck damit überziehen und abkühlen lassen. Kuvertüre schmelzen und die Bomben damit glasieren, dann trocknen lassen.

Linzer Torte

ZUTATEN

250 g Mehl, 250 g Zucker, 250 g gemahlene Mandeln, ½ TL Zimt, 1 Msp. Gewürznelkenpulver, 250 g Butter, 2 Eier, 250 g Johannisbeerkonfitüre, Butter für die Form

ZUBEREITUNG

Den Backofen auf 175 Grad vorheizen. Mehl, Zucker, Mandeln, Zimt, Nelken, Butter und 1 Ei zu einem Mürbeteig verkneten und in Klarsichtfolie gewickelt für 1 Stunde in den Kühlschrank legen. Eine Springform mit Butter einfetten. ⅔ des Teigs ausrollen und als Boden und Rand in die gefettete Form legen. Konfitüre auf den Teigboden geben. Restlichen Teig ausrollen und in Streifen schneiden, dann kreuzweise als Gitter über die Torte legen. Übriges Ei verschlagen und das Teiggitter damit bestreichen. Im Ofen ca. 45 Minuten backen.

Maraschino-Torte

ZUTATEN

Für den Teig: 4 Eier, 150 g Zucker, 1 Prise Salz, abgeriebene Schale von 1 unbehandelten Zitrone, 100 g Speisestärke, 100 g Mehl; für die Creme: ¼ l Milch, 1 Vanillestange, 2 EL Speisestärke, 200 g Butter, 200 g Zucker, 2 Glas Maraschinolikör, 200 g Orangenmarmelade; zum Garnieren: 12 dünne kandierte Zitronenscheiben, 12 Maraschinokirschen; Margarine für die Form

Zubereitung

Für den Biskuitteig Eier trennen, Eigelb und 4 EL heißes Wasser schaumig rühren. Nach und nach 100 g Zucker, Salz und Zitronenschale einrühren. Schlagen, bis die Masse weiß und cremig ist. Eiweiß steif schlagen, dabei nach und nach restlichen Zucker dazugeben. Eischnee auf die Eigelbmasse gleiten lassen. Speisestärke und Mehl mischen, darübersieben und unterheben. Boden einer Springform von 24 cm Durchmesser einfetten und den Teig einfüllen. Form auf der mittleren Schiene in den vorgeheizten Ofen schieben und bei 200 Grad 40 Minuten backen.

Dann aus dem Ofen nehmen, den Tortenboden aus der Form lösen und auskühlen lassen. In der Zwischenzeit die Creme zubereiten. Dazu Milch mit aufgeschnittener Vanillestange zum Kochen bringen. Die Stange herausnehmen. Speisestärke mit etwas Wasser glatt rühren, Milch damit binden und kurz aufkochen lassen. Vom Herd nehmen und erkalten lassen, dabei häufig umrühren. In der Zwischenzeit Butter und Zucker schaumig rühren, dann esslöffelweise Vanillecreme und Maraschinolikör einrühren. Erkalteten Tortenboden in 3 Platten mit jeweils der Hälfte der Marmelade, dann 1/3 der Creme bestreichen, zusammensetzen und mit der dritten Platte bedecken. Oberseite und Ränder mit restlicher Creme bestreichen. 1 Stunde kühl stellen. Mit kandierten Zitronenscheiben und Maraschinokirschen garnieren.

Neujahrstorte

ZUTATEN

Für den Teig: 500 g Mehl, 200 g Butter oder Margarine, 100 g Puderzucker, 1 Ei, 1 Prise Salz, 3 EL saure Sahne; für die Mohnfüllung: 200 g gemahlener Mohn, 50 g Butter, 50 g Zucker, 50 g kernlose Rosinen, 1 EL Honig, 4 EL Rum, 1 Päckchen Vanillinzucker; für die Nussfüllung: 150 g gemahlene Haselnusskerne, 2 EL Zucker, 1 Msp. Zimt, 50 ml heiße Milch; für die Apfelfüllung: 500 g Äpfel (Boskop), Saft von ½ Zitrone, 75 g Zucker, 4 EL Rotes Johannisbeergelee; außerdem: Mehl zum Ausrollen, 1 Eigelb zum Bestreichen

ZUBEREITUNG

Für den Teig Mehl, weiches Fett, Puderzucker, Ei, Salz und saure Sahne mit dem Handrührgerät zu einem geschmeidigen Teig verkneten. Zugedeckt 30 Minuten kühlen. Für die Mohnfüllung Mohn, zerlassene Butter, Zucker, gewaschene, abgetropfte Rosinen, Honig, Rum und Vanillinzucker verrühren. 100 ml kochendes Wasser darübergießen. Unter ständigem Rühren aufkochen, 5 Minuten kochen lassen und dann abkühlen. Für die Nussfüllung Haselnüsse, Zucker und Zimt in die Milch rühren. Für die Apfelfüllung Äpfel schälen, vierteln, entkernen und quer in 3 mm dicke Scheiben schneiden. Mit Zitronensaft beträufeln und mit Zucker bestreuen. Teig auf bemehlter Arbeitsfläche 2 mm dick ausrollen. Drei runde Platten mit einem Durchmesser von 26 cm ausschneiden. Aus den Resten Teigstreifen für Rand und Gitter schneiden. Die erste Teigplatte in eine Springform gleicher Größe legen und die Mohnfüllung daraufstreichen. Darüber den zweiten Boden und die Nussfüllung geben. Mit dem dritten Boden bedecken, darauf das Gelee streichen und die Apfelfüllung darauf verteilen. Mit einem Teiggitter belegen und die Teigstreifen mit Eigelb bestreichen. Form in den vorgeheizten Ofen auf die mittlere Schiene stellen und bei 200 Grad 1 Stunde und 20 Minuten backen. Torte abkühlen lassen, in 16 Stücke schneiden.

Orangenkuchen

ZUTATEN

250 g Butter, 225 g Zucker, 3 Eier, 4 Eigelb, 1 Prise Salz, 2 cl Orangenlikör, 100 g Mehl, abgeriebene Schale von 2 unbehandelten Orangen und von 1 unbehandelten Zitrone, 1 EL Zitronensaft, 100 g Speisestärke, ½ Päckchen Backpulver, 100 g geschälte, gemahlene Mandeln, 100 g fein gewürfeltes Orangeat, 100 g Orangenmarmelade, 200 g Puderzucker, 3 EL Orangensaft; Fett und Paniermehl für die Form

ZUBEREITUNG

Eine Kastenform einfetten und mit Paniermehl ausstreuen. Den Backofen auf 180 Grad vorheizen. Butter mit Zucker schaumig rühren, Eier, Eigelbe, Salz, Orangenlikör nacheinander unterrühren, dabei auch ein paar Löffel Mehl untermengen. Orangen- und Zitronenschale sowie den Saft unterrühren. Restliches Mehl, Speisestärke und Backpulver sieben und mit den Mandeln und 80 g Orangeat unter den Teig rühren. Den Teig in die Form füllen, glatt streichen und auf der unteren Schiene 1½ Stunden backen. Den Kuchen auf einem Gitter auskühlen lassen und dann mit erhitzter Orangenmarmelade bestreichen.

Puderzucker mit Orangensaft verrühren und den Kuchen damit glasieren. Mit restlichem Orangeat bestreuen und trocknen lassen.

OMAS RAT

Orangen werden saftiger, wenn man sie auf dem Tisch hin und her rollt oder kurz in heißes Wasser legt.

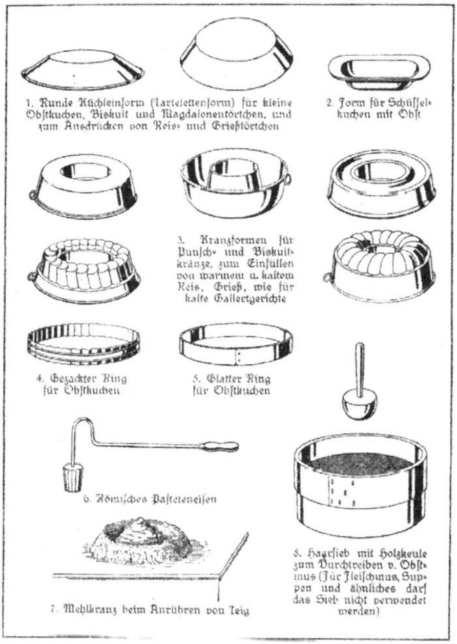

Orangen-Windräder

Zutaten

300 g Blätterteig, 60 g Marzipan-Rohmasse, 2 EL Orangenmarmelade, 1 EL Orangenlikör, 2 EL gemahlene, gehäutete Mandeln, 1 Eigelb; für die Garnitur: 50 g Puderzucker, 20 g gehackte, gehäutete Mandeln

Zubereitung

5 Blätterteigscheiben zu je einer Platte von 12 cm x 24 cm ausrollen und 4 Platten in je 2 Quadrate teilen. Jedes Quadrat etwa 4 cm lang zur Mitte hin einschneiden. Marzipan-Rohmasse gut mit Marmelade, Likör und Mandeln verrühren. In die Mitte jedes Teigquadrats etwas Füllung verteilen. Die eingeschnittenen Ecken zur Mitte einschlagen, sodass ein

„Windrad" entsteht. Die Enden gut zusammendrücken. Die Windräder mit dem verquirlten Eigelb bestreichen. Die fünfte Teigplatte ausrollen und 8 Plätzchen von je 6 cm Durchmesser ausstechen. Die Plätzchen jeweils auf die Mitte der Windräder legen und leicht andrücken. Ebenfalls mit Eigelb bestreichen und auf einem kalt abgespülten Backblech 15 Minuten ruhen lassen. Inzwischen den Ofen auf 220 Grad vorheizen. Die Windräder dann auf mittlerer Schiene 12–15 Minuten im vorgeheizten Ofen backen. Den Puderzucker mit 1 EL Wasser verrühren. Die Windräder damit bestreichen und mit den Mandeln bestreuen. Frisch servieren.

Omas Rat

Tiefgekühlten Blätterteig gibt es in praktischen 300-Gramm-Packungen. Es lohnt sich, immer eine Packung auf Vorrat im Tiefkühlschrank zu haben. So kann man auch bei spontanen Besuchen etwas Leckeres zaubern!

Osterenten

Zutaten

500 g Mehl, 1 Würfel Hefe (42 g), 60 g Zucker, ¼ l lauwarme Milch, 60 g Butter, 1 Ei, 1 Prise Salz, 1 Eigelb, 200 g Himbeerkonfitüre, 2 EL Puderzucker, 3 TL Zitronensaft; Butter für das Blech, ein paar Korinthen

Zubereitung

Mehl in eine Schüssel sieben, in die Mitte eine Mulde drücken. Hefe hineinbröckeln und mit etwas Zucker, Mehl und der Milch zum Vorteig rühren. Zugedeckt an einem warmen Ort 15 Minuten gehen lassen. Dann restlichen Zucker, zerlassene Butter, Ei und Salz dazugeben und alles zu einem glatten Hefeteig verarbeiten. Den Teig abschlagen, bis er Blasen wirft. 15 Minuten an einem warmen Ort gehen lassen, dann etwa 4 mm dünn ausrollen. Aus ⅔ des Teigs Kreise von 8 cm Durchmesser ausstechen. Teigränder mit Eigelb bestreichen.

In die Mitte jeweils etwas Konfitüre geben und pro Ente 2 Teigplätzchen aufeinanderdrücken. Aus dem restlichen Teig etwas kleinere ovale Teigplätzchen als Entenköpfe mit Schnäbeln schneiden. Die Köpfe ebenfalls mit Eigelb bestreichen und fest an die größeren Plätzchen drücken. Enten auf ein gefettetes Blech legen und 15 Minuten gehen lassen. Inzwischen den Backofen auf 220 Grad vorheizen. Die Osterenten erneut mit Eigelb bestreichen und anschließend auf der mittleren Schiene 15 Minuten backen. Dann den Puderzucker mit Zitronensaft verrühren, um einen Zuckerguss herzustellen. Als Auge den Zuckerguss auf jede Ente geben und in dessen Mitte eine Korinthe drücken, dann den Guss gut trocknen lassen.

Pfannkuchentorte

ZUTATEN

Für den Teig: 300 g Mehl, ¼ l Milch, 2 Eier, 2 Eigelb, 1 Prise Salz, knapp 100 g Zucker; Butter zum Backen; für die Füllung: 100 g Quark, 10 EL Sahne, 4 Eier, 200 g Zucker, 1 Päckchen Vanillezucker, 200 g gemahlene Walnüsse, 300 g Aprikosenkonfitüre, 2 EL Rosinen, 100 g geriebene Schokolade; Butter für die Form und zum Bestreichen

ZUBEREITUNG

Das Mehl sieben. Mit den übrigen Zutaten zu einem glatten, dickflüssigen Teig verrühren. In einer Pfanne Butter erhitzen und darin portionsweise dünne Pfannkuchen goldbraun backen, bis der Teig aufgebraucht ist. Übereinandergeschichtet warm stellen. Den Quark in einem Tuch auspressen und mit Sahne, Eigelb und Zucker vermischen. Das Eiweiß mit Vanillezucker steif schlagen. Eine Hälfte unter die Quarkmasse heben und die andere Hälfte beiseitestellen. Eine feuerfeste Form ausbuttern; den ersten Pfannkuchen hineinlegen. Mit gemahlenen Walnüssen bestreuen und den nächsten Pfannkuchen darauflegen. Diesen mit Aprikosenkonfitüre bestreichen und mit Rosinen belegen. Den nächsten mit Quarkmasse bestreichen und den nächsten mit geriebener Schokolade. Mit einem Pfannkuchen abschließen und mit flüssiger Butter bestreichen. In den auf ca. 180 Grad vorgeheizten Backofen schieben. Nach etwa einer Viertelstunde herausnehmen, mit dem restlichen Eischnee bestreichen und überbacken. Sofort servieren!

Powidltascherl

ZUTATEN

250 g Kartoffeln, 1 Ei, 60 g Mehl, 1 EL Sahne, 10 g Butter, Salz, Pflaumenmus, geröstetes Paniermehl, Zucker

ZUBEREITUNG

Kartoffeln kochen, pellen, durchpressen und mit Ei, Mehl, Sahne, Butter und 1 Prise Salz zu einem Teig verarbeiten. Etwa 3 mm dünn ausrollen, Kreise von 10 cm Durchmesser ausstechen und auf jeden Kreis ein wenig Pflaumenmus geben. Zu „Tascherln" zusammenklappen, an den Rändern gut festdrücken und im leicht siedenden Salzwasser 3 Minuten ziehen lassen. Mit dem Schaumlöffel herausnehmen, abtropfen lassen, in Paniermehl wenden und anschließend mit Zucker bestreut servieren.

Preiselbeercreme

ZUTATEN

¼ kg Preiselbeerkonfitüre, Zucker nach Bedarf, 1/8 l Weiß- oder Rotwein, 3 Blätter rote Gelatine, 1 Eiweiß, 1 Prise Vanillezucker, 1/8 l geschlagene Sahne

ZUBEREITUNG

Die Konfitüre mit Zucker und Wein glatt rühren. Gelatine nach Packungsaufschrift auflösen, kräftig ausdrücken und unter die gerührte Masse mischen. Das Eiweiß mit Vanillezucker steif schlagen; unterheben. Zuletzt die Schlagsahne unterziehen. Die Creme in Portionsschalen abfüllen und kalt stellen. Nach Belieben mit anderen Früchten garnieren.

Punschtorte Prager Art

ZUTATEN

Für den Teig: 6 Eier, getrennt, 200 g Zucker, 270 g Mehl, 1 TL Backpulver, abgeriebene Schale von 1 unbehandelten Zitrone; für den Punsch: 1/8 l Weißwein, 70 g Zucker, 3 EL Arrak, 2 EL Zitronensaft; zum Färben: 50 g bittere Schokolade, 3 EL Sauerkirschsaft; zum Bestreichen: 6 EL Aprikosenkonfitüre; für die Glasur: 250 g Puderzucker, 2 EL Arrak; Margarine für die Form

ZUBEREITUNG

Für den Biskuitteig Eigelbe mit 5 EL heißem Wasser in einer Schüssel schaumig schlagen, dabei den Zucker einrieseln lassen. Gesiebtes Mehl, Backpulver und Zitronenschale unterrühren. Eiweiß in einer Schüssel steif schlagen und locker unterheben. Boden einer Springform mit 26 cm Durchmesser einfetten und den Teig einfüllen. Im vorgeheizten Ofen auf die untere Schiene stellen und 1 Stunde bei 180 Grad backen. Springform herausnehmen und Kuchen 15 Minuten in der Form abkühlen lassen. Springformrand lösen und den Tortenboden zum Erkalten auf ein Kuchengitter stürzen. Kuchen über Nacht ruhen lassen. Am nächsten Tag Tortenboden in 3 Schichten schneiden. Dabei die mittlere Platte etwas dicker schneiden. Für die Füllung den dickeren Boden in 2 cm große Würfel schneiden, die in verschiedenfarbigem Punsch getränkt werden.

Für den Punsch Weißwein, Zucker, Arrak und Zitronensaft in einem Topf aufkochen. Punsch in 3 Gläser und Biskuitwürfel in 3 Schälchen verteilen. Für die braunen Würfel Schokolade in einem Topf im heißen Wasserbad auflösen und mit dem ersten Glas Punsch mischen. In das erste Schälchen mit Biskuitwürfeln gießen und mit einem Rührlöffel vorsichtig bewegen, sodass die ganze Flüssigkeit von den Würfeln aufgesogen wird. Für die hellen Würfel die zweite Portion Biskuit mit dem zweiten Glas Punsch tränken. Für die roten Würfel den restlichen Punsch mit dem Sauerkirschsaft verrühren und über die letzten Biskuitwürfel gießen. Alle Biskuitwürfel in einer Schüssel vorsichtig mischen.

Die beiden Tortenböden dünn mit Aprikosenkonfitüre bestreichen. Einen Boden mit der unbestrichenen Seite nach unten auf eine Tortenplatte setzen. Biskuitwürfel gleichmäßig darauf verteilen. Den zweiten Tortenboden mit der bestrichenen Seite darauflegen und andrücken. Oberfläche mit einem Holzbrett beschweren. Torte für 5 Stunden in den Kühlschrank stellen. Für die Glasur Puderzucker in eine Schüssel sieben. Mit Arrak und 3 EL heißem Wasser glatt rühren und über die Torte gießen. Einen Pfannenwender in heißes Wasser tauchen, die Glasur über die Oberfläche verteilen und an den Seiten herunterlaufen lassen. Glasur erstarren lassen. Torte in 12 Stücke teilen und servieren.

Rhabarber-Erdbeer-Torte

ZUTATEN

Für den Teig: 125 g Butter, 1 Prise Salz, 1 Msp. Zucker, 200 g Mehl, 5–6 Eier; für die Füllung: 500 g Rhabarber, 500 g Erdbeeren, 6 Blatt rote Gelatine, 2 TL Speisestärke, 200 g Erdbeerkonfitüre, 1 TL abgeriebene Zitronenschale (unbehandelt), 4 Blatt weiße Gelatine, ¾ l Sahne, 45 g Zucker, 2 EL Rum; zum Garnieren: 30 g geröstete Mandelblättchen, Puderzucker

ZUBEREITUNG

¼ l Wasser mit Butter, Salz und Zucker aufkochen, vom Feuer nehmen und Mehl dazuschütten; schnell unterrühren. Topf wieder auf die Platte stellen und bei schwacher Hitze weiterrühren, bis sich ein Kloß sowie ein weißer Belag am Topfboden bilden. Den Backofen auf 200 Grad vorheizen. Vom Feuer nehmen und das erste Ei unterrühren. Teig etwas abkühlen lassen, dann nacheinander die restlichen Eier unterrühren. Zwei Backbleche mit Backpapier auslegen. Mit Bleistift 3 Kreise von je 24 cm Durchmesser darauf markieren. Den Brandteig in einen Spritzbeutel füllen und die 3 Kreise spiralförmig mit Teig ausspritzen. Die Böden im vorgeheizten Ofen etwa 20 Minuten backen. Vorsichtig vom Papier lösen und auf einem Kuchengitter auskühlen lassen. Rhabarber waschen, abziehen und in Stücke schneiden. Erdbeeren waschen, von den Stielansätzen befreien und halbieren. Rote Gelatine in kaltem Wasser einweichen, Speisestärke mit wenig kaltem Wasser anrühren. Konfitüre aufkochen, Rhabarber dazugeben und in etwa 10 Minuten weich kochen. Erdbeeren und Speisestärke unterrühren und kurz aufkochen. Ausgedrückte Gelatine und Zitronenschale einrühren. Die Masse erkalten lassen. Weiße Gelatine in kaltem Wasser einweichen, ausdrücken und auflösen. Inzwischen Sahne steif schlagen und Zucker einrieseln lassen. Die etwas abgekühlte Gelatine und Rum unterziehen. 2 Tortenböden mit 3 dicken Sahneringen bespritzen, in die Zwischenräume die Fruchtmasse füllen. Die Böden übereinandersetzen und den dritten Boden darauflegen. Tortenrand mit der übrigen Sahne bestreichen und mit Mandelblättchen bestreuen. Mit restlicher Sahne verzieren und nach Belieben mit Puderzucker bestäuben. Torte in 12 Stücke schneiden und frisch servieren.

Omas Rat

Die Eier nie auf einmal, sondern immer einzeln unter den Teig rühren. Der Teig wird griffiger und lässt sich besser formen, wenn er vor dem Backen 30 Minuten ruht.

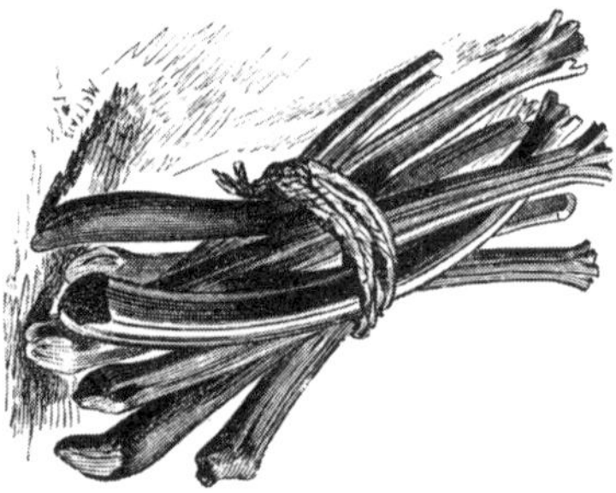

Rumkugeln

Zutaten

100 g Schokolade, 600 g Lebkuchen, zerbröselt, 200 ml Rum, 3 EL Kirschkonfitüre, 2 EL Zucker oder 3 EL Kakaopulver

Zubereitung

Schokolade schmelzen. Mit Lebkuchen, Rum und Konfitüre mischen und verrühren. Die entstandene Teigmasse mehrere Stunden, am besten über Nacht, erkalten lassen. Kleine Kugeln daraus formen und nach Belieben in Zucker oder Kakao wälzen.

Sachertorte

ZUTATEN

8 Eier, 200 g Zucker, 60 g Kakaopulver, 120 g Mehl, 100 g Butter, 50 g Biskuitbrösel, 1 Tasse Aprikosenkonfitüre, 200 g Schokoladenfettglasur; Butter für die Form

ZUBEREITUNG

Boden einer Springform mit 26 cm Durchmesser einfetten. Backofen auf 200 Grad vorheizen. Eier trennen. Eigelb mit 100 g Zucker schaumig rühren. Eiweiß mit restlichem Zucker steif schlagen. Kakao mit Mehl über die Eimasse sieben und mit der erwärmten Butter und Biskuitbröseln unterheben. Den Teig in die vorbereitete Springform füllen, glatt streichen und ca. 1 Stunde backen. In den ersten 15 Minuten die Backofentür nicht öffnen. Den fertig gebackenen Kuchen im abgeschalteten Ofen noch kurz stehen lassen, dann zum Erkalten auf ein Kuchengitter stürzen. Den Kuchen nach mindestens 2 Stunden Ruhezeit einmal längs durchschneiden, mit Konfitüre füllen und wieder zusammensetzen. Schokoladenglasur im Wasserbad schmelzen lassen und die Torte damit gleichmäßig überziehen. In der noch weichen Glasur mit einem Messer 16 Tortenstücke markieren.

Schokoladen-Ingwer-Herzen

ZUTATEN

Für den Teig: 375 g ungeschälte Mandeln, 100 g bittere Schokolade, 3 Eiweiß, 375 g Zucker, ½ TL gemahlener Ingwer; für die Glasur: 180 g Kuvertüre, 200 g Kokosfett, 5 in Sirup eingelegte Ingwerpflaumen; feiner Zucker zum Ausrollen, Butter oder Margarine zum Einfetten

Zubereitung

Mandeln und Schokolade mit der Küchenmaschine oder Mandelmühle fein mahlen. Eiweiße in einer Schüssel zu steifem Schnee schlagen, anschließend Zucker einrühren. Mandeln und Schokolade sowie gemahlenen Ingwer zufügen. Erst mischen, dann gut durchkneten. Teig auf einer mit Zucker bestreuten Arbeitsfläche knapp ½ cm dick ausrollen und dann Herzen ausstechen. Backblech mit Butter oder Margarine einfetten und die Herzen darauflegen. In den vorgeheizten Ofen auf die mittlere Schiene schieben und bei 160 Grad 30 Minuten backen. Fertiges Gebäck aus dem Ofen nehmen, auf einem Kuchengitter abkühlen lassen. Für die Glasur Kuvertüre in Stücke schneiden und anschließend in einem Gefäß im heißen Wasserbad schmelzen. Kokosfett in einer Pfanne zerlassen und in die Kuvertüre rühren. Ingwerpflaumen abtropfen lassen und mit einem Messer fein würfeln. Abgekühlte Schokoladenherzen mit Kuvertüre überziehen und mit gehackten Ingwerpflaumen bestreuen.

Spitzbuben

Zutaten

380 g Mehl, 125 g Zucker, 1 Päckchen Vanillinzucker, 250 g kalte Butter, 100 g feine Himbeerkonfitüre, 100 g Puderzucker, Saft von 1 Zitrone, Mehl für die Arbeitsfläche, Fett für das Backblech

Zubereitung

Mehl auf die Arbeitsfläche sieben, in die Mitte eine Mulde drücken, Zucker und Vanillinzucker einstreuen. Butter in Stückchen auf dem Mehlrand verteilen. Alles rasch zu einem Mürbeteig verkneten und zugedeckt 1 Stunde kühl stellen.

Den Teig halbieren. Auf bemehlter Arbeitsfläche ½ cm dick ausrollen und mit einem Backförmchen oder einem Glas von 3 cm Durchmesser runde Plätzchen ausstechen. Auf ein gefettetes Blech legen. Die Plätzchen auf mittlerer Schiene bei 190 Grad im vorgeheizten Ofen 10–12 Minuten backen. Auf einem Kuchengitter auskühlen lassen. Restlichen Teig genauso verarbeiten. Die Hälfte der ausgekühlten Plätzchen mit Konfitüre bestreichen, jeweils mit einem unbestrichenen Plätzchen bedecken. Gesiebten Puderzucker mit 2 EL heißem Wasser und Zitronensaft glatt rühren. Die Oberfläche der Plätzchen damit glasieren, anschließend trocknen lassen.

Spritzkuchen

ZUTATEN

Für den Teig: ¼ l Milch, 100 g Butter, 1 Msp. Salz, 1 TL Zucker, 230 g Mehl, 5–7 Eier; zum Bestreichen: 100 g Aprikosenkonfitüre; für die Glasur: 150 g Puderzucker, 3 EL Rum; Öl zum Ausbacken, Butter zum Einfetten

ZUBEREITUNG

Milch mit Butter, Salz und Zucker aufkochen, vom Feuer nehmen, Mehl dazuschütten und rasch unterrühren. Wieder auf die Platte stellen und bei schwacher Hitze rühren, bis sich der Teig zu einem Kloß formt und sich ein weißer Belag auf dem Topfboden bildet. Den Kloß in eine Schüssel geben und 1 Ei unterrühren. Anschließend etwas abkühlen lassen und restliche Eier einzeln unterrühren. Der Teig soll schön glänzend vom Löffel fallen, dann hat er die richtige Konsistenz. Backpapier in der Größe des Frittiertopfes zurechtschneiden, einfetten und dann im Kühlschrank fest werden lassen. Öl zum Ausbacken in einem hohen Topf oder im Frittiertopf auf 180 Grad erhitzen. Den Teig dann in einen Spritzbeutel mit Sterntülle füllen und Ringe auf das Papier spritzen. Das Papier anheben, umdrehen und vorsichtig in das heiße Frittierfett legen. Die Ringe lösen sich dann gut ab. Die Spritzkuchen zugedeckt etwa 3 Minuten bei 180 Grad backen, anschließend wenden und etwa weitere 3 Minuten backen. Aus dem Fett nehmen und auf einem Kuchengitter abtropfen lassen. Dazu Küchenpapier unter das Kuchengitter legen. Aprikosenkonfitüre mit 2 EL Wasser verrühren und erhitzen. Die noch warmen Spritzkuchen damit bestreichen und gut trocknen lassen. Dann die Glasur aus Puderzucker und Rum anrühren und die Oberseite der Spritzkuchen in die Glasur tauchen. Herausheben, gut abtropfen lassen und auf ein Kuchengitter legen, dann trocknen lassen. Ergibt ca. 30 Stücke.

OMAS RAT

Die Spritzkuchen schmecken am besten, wenn sie gleich am selben Tag serviert werden. Soll es besonders schnell gehen, besieben Sie sie nur dick mit Puderzucker.

Waffeln

ZUTATEN

250 g Butter oder Margarine, 200 g Zucker, 4 Eier, abgeriebene Schale von ¼ unbehandelten Zitrone, ½ Päckchen Vanillinzucker, 1 Prise Salz, 1 Prise Backpulver, 150 g Mehl, 150 g Speisestärke; Öl zum Einpinseln, 80 g Puderzucker zum Bestäuben, Kompott nach Wahl

ZUBEREITUNG

Fett und Zucker sehr schaumig rühren. Eier und alle anderen Zutaten zugeben. Waffeleisen vorheizen und Innenflächen einfetten. Teig daraufgeben. Waffeleisen schließen und Teigportionen je etwa 6 Minuten backen. Waffeln aus dem Waffeleisen lösen. Zum Ausdampfen hochkant stellen, dann mit Puderzucker bestäuben und mit Kompott servieren. Ergibt etwa 50 Herzen.

Walnusskringel

ZUTATEN

400 g Mehl, 230 g Butter, 165 g gemahlene Walnüsse, 150 g Zucker, 3 Tropfen Bittermandelöl, 1 Msp. Salz, 1 Msp. Kardamom, 1 EL Rum; etwa 120 g Himbeer-, Orangen- oder Johannisbeerkonfitüre zum Bestreichen, Mehl für die Arbeitsfläche

ZUBEREITUNG

Mehl, Butter in Stückchen, Walnüsse, Zucker, Bittermandelöl, Gewürze und Rum rasch zu einem glatten Mürbeteig verkneten und zugedeckt 1 Stunde kühl stellen. Den Teig portionsweise auf einer bemehlten Arbeitsfläche ausrollen und in gleicher Anzahl runde Plätzchen sowie Kringel ausstechen. Den restlichen Teig zwischenzeitlich immer wieder in den Kühlschrank stellen. Die Plätzchen im vorgeheizten Ofen bei 175 Grad auf mittlerer Schiene 10–15 Minuten backen. Auf einem Kuchengitter auskühlen lassen. Die runden Plätzchen mit Konfitüre bestreichen und die Kringel daraufsetzen.

Weihnachtstorte

ZUTATEN

4 Eier, 180 g Zucker, 1 Päckchen Vanillinzucker, 150 g Mehl, 100 g Speisestärke, 3 TL Backpulver; für die Füllung: 2 Blatt weiße Gelatine, ¾ l Sahne, 150 g Zucker, 40 g Kakaopulver, 1 EL Rum, 5 EL Preiselbeerkompott; für die Garnitur: 100 g Blockschokolade, 8 rote Belegkirschen, 1 TL Puderzucker,

2 EL geröstete Mandelblättchen; Butter oder Margarine für die Form

ZUBEREITUNG

Boden einer Springform von 26 cm Durchmesser mit Butter oder Margarine ausstreichen. Backofen auf 190 Grad vorheizen. Eier trennen, Eigelb mit 4 EL Wasser, der Hälfte des Zuckers und dem Vanillinzucker schaumig rühren. Eiweiß mit restlichem Zucker in einer anderen Schüssel steif schlagen und unter die Eigelbmasse heben. Mehl mit Speisestärke und Backpulver mischen, darübersieben und alles unter den Teig ziehen. Biskuitteig in die Springform füllen, glatt streichen und auf der zweiten Schiene von unten 20–30 Minuten backen. Biskuitboden möglichst über Nacht ruhen lassen, dann zweimal längs durchschneiden. Gelatine in kaltem Wasser einweichen. Sahne zusammen mit dem Zucker steif schlagen. 1/3 der Sahne mit Kakao und Rum verrühren. Schokoladensahne als erste Schicht auf den untersten Boden streichen. Den zweiten Boden darauflegen. Ein weiteres Drittel der Sahne mit Preiselbeerkompott sowie gut ausgedrückter, im Wasserbad aufgelöster Gelatine verrühren und den zweiten Boden damit bestreichen. Den dritten Boden darauflegen. Die Torte rundherum mit dem dritten Teil der Sahne bestreichen. Den Sahnerest in einen Spritzbeutel mit Sterntülle füllen und damit 16 Rosetten auf die Torte spritzen.

Die Hälfte der Blockschokolade im Wasserbad auflösen und dünn auf Backpapier oder Alufolie streichen. Einen kleinen Sternausstecher in heißes Wasser tauchen und aus der bereits erstarrten Schokolade Sternchen ausstechen. Auf jede Sahnerosette einen Schokoladenstern und ½ Belegkirsche setzen. Restliche Schokolade grob raspeln und auf die Mitte der Torte streuen. Schokoladenraspeln leicht mit Puderzucker besieben. Den Rand der Torte mit Mandelblättchen bestreuen.

OMAS RAT

Dekorationsvariante: Blockschokolade auflösen und hauchdünn auf eine Resopal- oder Marmorplatte gießen bzw. aufstreichen. Von der fast erstarrten Schokolade mit einem Messer Späne abschaben. Diese vollständig erkalten lassen und auf die Torte streuen.

Westfälische Quarkspeise

ZUTATEN

500 g Speisequark, 1/8–1/4 l Milch, 3 EL Zucker, 1 Päckchen Vanillinzucker, 100 g Pumpernickel, 4 EL Rum, 100 g Schokolade (halbbitter), 150 g Preiselbeerkompott, Schokoraspel zum Verzieren

ZUBEREITUNG

Quark in einer Schüssel mit so viel Milch verrühren, dass eine glatte, cremige Masse entsteht, mit 2 EL Zucker und Vanillinzucker süßen. Pumpernickel fein zerbröseln, restlichen Zucker und Rum daruntermischen und zugedeckt mindestens 20 Minuten durchziehen lassen. Schokolade raspeln und mit dem Pumpernickel vermischen. Das Dessert entweder in 4 breiten Portionsgläsern oder einer Schüssel anrichten. Dazu lagenweise zuerst die Hälfte der Quarkmasse einfüllen, die Pumpernickelmasse und dann die Preiselbeeren darauf verteilen. Restliche Quarkcreme als letzte Schicht obenauf geben und glatt streichen, anschließend nach Belieben mit Schokoraspeln bestreuen.

OMAS RAT

Diese regionale Spezialität entwickelt ihren saftig-aromatischen Geschmack besonders gut, wenn man sie vor dem Servieren noch einige Stunden im Kühlschrank ziehen lässt.

Cumberlandsoße

ZUTATEN

1 unbehandelte Zitrone, 1 unbehandelte Orange, 1/8 l Rotwein, 2 EL englischer Senf, 1 Prise Cayennepfeffer, 100 g Johannisbeergelee

ZUBEREITUNG

Zitrone und Orange waschen, schälen und die Schale in feinste Streifen schneiden. Saft auspressen. Rotwein mit Zitrusstreifen aufkochen lassen und abkühlen. Orangen- und Zitronensaft mit Senf und Cayennepfeffer vermischen. Johannisbeergelee und Rotwein zugeben und darauf achten, dass die Soße dickflüssig oder sämig wird, dann kalt stellen.

OMAS RAT

Diese Soße passt vorzüglich zu Wild, Roastbeef oder auch Schinken.

Fränkischer Rehbraten

ZUTATEN

1½ kg Rehfleisch, 1½ l Buttermilch, ½ l trockener Rotwein, 30 g Wildgewürzmischung, Salz, Pfeffer, 2 EL Butterschmalz, 3 mittelgroße Zwiebeln, 2 Becher Crème fraîche, ½ l Brühe, Thymian, 1 Möhre (zerkleinert), 6 Wacholderbeeren, 1 große Knoblauchzehe, 100 g Steinpilze (zerkleinert), 2 EL Johannisbeergelee

ZUBEREITUNG

Das Rehfleisch in einer Beize aus Buttermilch, ¼ l Rotwein und Wildgewürzmischung einlegen. Das Fleisch sollte vollkommen mit Flüssigkeit bedeckt sein. Das Gefäß abgedeckt 2 Tage lang kühl stellen. Das Fleisch aus der Beize nehmen, Beize sieben und beiseitestellen. Rehfleisch waschen und trocknen, mit Salz und Pfeffer würzen. Dann goldbraun im Butterschmalz anbraten. Fleisch beiseitelegen. Zwiebeln anbraten, dann die Crème fraîche zufügen und so lange weiterköcheln lassen, bis Letztere eine bräunliche Färbung annimmt. Mit Brühe und dem restlichen Rotwein aufgießen. Thymian, zerkleinerte Möhre, Wacholderbeeren, Knoblauch sowie zerkleinerte Pilze zugeben. Braten in den Bratentopf geben, Deckel schließen und für etwa 2 Stunden bei 180 Grad im Ofen erhitzen. Regelmäßig den Flüssigkeitsstand kontrollieren und bei Bedarf mit der gesiebten Beize nachgießen. Etwa 30 Minuten vor dem Verzehr das Fleisch aus dem Ofen nehmen und auslösen, dann ohne Deckel (aber mit ausreichend Soße!) wieder in den Ofen schieben. Abschließend den Herd ausschalten und das Fleisch ruhen lassen, bis es aufgeschnitten wird. Die Soße vor dem Servieren mit dem Johannisbeergelee verfeinern.

Omas Rat

Dazu passen Rotkohl, Klöße und Wildpreiselbeeren oder blanchierte Birnen.

Fruchtige Schweinemedaillons

Zutaten

400 g Schweinefilet, Salz, Pfeffer, Öl, 2 Birnen, 2 Stiele Rosmarin, 2 Stangen Lauch, 2 EL Butter; für die Soße: 3 EL Hagebuttenkonfitüre, 125 ml Sahne, Paprikapulver edelsüß

Zubereitung

Die Schweinefilets in 4 Stücke schneiden, mit Salz und Pfeffer würzen und in Öl anbraten. Die Birnen schälen und in Spalten schneiden, mit dem gezupften Rosmarin dazugeben und bei geschlossenem Deckel etwa 5 Minuten ziehen lassen. Den gewaschenen Lauch in dünne Scheiben schneiden. Im Topf mit der Butter anschwitzen, salzen und pfeffern. Für die Soße die Hagebuttenkonfitüre mit der Sahne einkochen und mit Paprika, Salz und Pfeffer abschmecken. Das Fleisch auf dem Lauchgemüse anrichten, mit Birnenspalten garnieren und die Soße außen herum verteilen.

Fruchtiges Fleisch

ZUTATEN

400 g geschnetzeltes Putenfleisch, Salz, Pfeffer, 1 kleine Zwiebel, 1 Apfel, 1 Banane, 1 ½ EL Butter, 1 TL Curry, 1/8 l Apfelsaft, 2 EL Mango-Chutney, 2 EL Orangenmarmelade, 1/8 l Sahne, 4 Pfirsichhälften (Dose), 2 EL Aprikosenkonfitüre

ZUBEREITUNG

Das Putenfleisch salzen und pfeffern. Die Zwiebel schälen und hacken. Apfel und Banane schälen und in mundgerechte, gleichmäßige Schnitze schneiden. Einen Esslöffel Butter erhitzen. Das Fleisch von allen Seiten scharf anbraten und herausnehmen; warm stellen. In den Bratenfond etwas Butter gleiten lassen und die Zwiebelwürfel glasig schwitzen. Bananen- und Apfelstückchen zugeben. Mit Curry überpudern, einige Minuten durchbraten und mit Apfelsaft ablöschen. Chutney und Orangenmarmelade beimischen. Mit Sahne auffüllen. Fleischstreifen unter die Soße ziehen und auf Tellern anrichten. Je eine Pfirsichhälfte fächerartig schneiden und auf das Gericht legen. Die beiden anderen Hälften mit Aprikosenkonfitüre befüllen und als Garnitur beigeben.

Gebratener Frischlingsrücken

ZUTATEN

1 Rücken vom Frischling (1-jähriges Wildschwein), Salz, Pfeffer, Thymian, einige im Mörser zerstoßene Wacholder-

beeren, 60 g Fett, 50 g Speck, Wurzelwerk, 2 Zwiebeln, ¼ l Rotwein, ¼ l Brühe, 2 Lorbeerblätter, einige Pfefferkörner, 1 EL Johannisbeergelee, 2 TL Speisestärke, 100 ml Sahne

ZUBEREITUNG

Darauf achten, dass der gut abgelagerte und abgewaschene Wildschweinrücken auch abgeschwartet ist. (Durch das Abbrennen der Borsten entsteht ein penetranter Geschmack auf der Schwarte.) Fleisch mit Salz, Pfeffer, Thymian und zerstoßenen Wacholderbeeren einreiben. In einem Bräter in heißem Fett von allen Seiten gut anbraten. Speck, Wurzelwerk und Zwiebeln grob schneiden und auch mitbraten. Im vorgeheizten Backofen bei 220 Grad knapp 1½ Stunden garen. Während des Bratvorganges mit Rotwein und Brühe auffüllen, dabei öfter den Braten übergießen und Lorbeerblätter dazugeben. Fertigen Frischlingsrücken aus der Soße nehmen, warm stellen und die Soße zubereiten. Dazu den Bratenfond durchseihen, mit Gewürzen und Johannisbeergelee abschmecken und mit Speisestärke binden. Mit etwas Soße anrühren und zurückgießen. Zuletzt die Soße mit Sahne verfeinern und gegebenenfalls noch einmal abschmecken. Das Fleisch vom Rücken lösen, schräg zur Faser in Scheiben schneiden und wieder dicht zusammensetzen; mit Soße übergießen und gleich servieren. Ergibt 6 Portionen.

OMAS RAT

Als Beilagen empfiehlt Oma Sauerkraut, Rotkohl, Apfelmus, Kartoffeln und Knödel aller Art.

Lammfilet mit Fenchelgemüse

ZUTATEN

200 g kleine Kartoffeln, 2 Knollen Fenchel, 2 Möhren, ½ TL Fenchelsamen, 6 Pfefferkörner, 2 TL Öl, ½ l Rindfleischfond, 300 g Lammfilet, 4 EL Paprikapaste, 2 TL Orangenkonfitüre, Salz, Pfeffer, 2 EL Basilikum, 2 Stängel Petersilie

ZUBEREITUNG

Kartoffeln schälen, Fenchel und Möhren in Stücke schneiden. Kartoffeln, Gemüse, Gewürze, Öl und Rindfleischfond zugedeckt aufkochen und 10 Minuten bei mittlerer Hitze garen. Lammfilet auf das Gemüse legen und auf jeder Seite ca. 4 Minuten knapp unter dem Siedepunkt garen. Der Sud darf nicht kochen! Gemüse und Fleisch herausnehmen, mit Alufolie abgedeckt warm stellen. Fond, Paprikapaste und Konfitüre verrühren und mit Salz und Pfeffer abschmecken. Fleisch in Scheiben schneiden, mit Gemüse und Soße anrichten und mit den Kräutern bestreichen.

Obst-Hähnchen

ZUTATEN

1 Hähnchen, Salz, Pfeffer, Curry oder Paprika, 1 EL Butter, ¼ kg Mandarinenkompott, 1/8 l Brühe, 2 EL Ingwerkonfitüre, 1/8 l Sahne, 1 Esslöffel Crème fraîche; 2 EL geröstete Mandelblättchen zum Garnieren

ZUBEREITUNG

Das Hähnchen waschen und trocken reiben. Mit einem scharfen Messer in 4 Teile schneiden. Salzen, pfeffern und nach Belieben mit Curry oder Paprikapulver einreiben. In heiß schäumender Butter von allen Seiten scharf anbraten. Nach ca. 10 Minuten Bratzeit mit Kompottsaft ablöschen und mit kochender Brühe auffüllen. Das Ganze mit einem Deckel versehen; etwa ½ Stunde bei milder Hitze köcheln lassen. Die fertigen Hähnchenteile ausstechen. In den Bratenfond die Mandarinenspalten und die Ingwerkonfitüre einrühren. Mit Sahne und 1 EL Crème fraîche verfeinern. Als Garnitur die Mandelblättchen über das Gericht streuen.

Orangen-Gans

ZUTATEN

1 küchenfertige Gans, Salz, weißer Pfeffer; für die Füllung: 1 Brötchen vom Vortag, 1 Orange, 1 Apfel, 50 g Rosinen, 50 g Mandelstifte, 1 EL Orangenlikör, 3 EL Orangenmarmelade; für die Soße: Saft von 2 Orangen, 1 EL Speisestärke, nach Belieben Orangenlikör, 1 EL Orangengelee, Spalten von 1 Orange

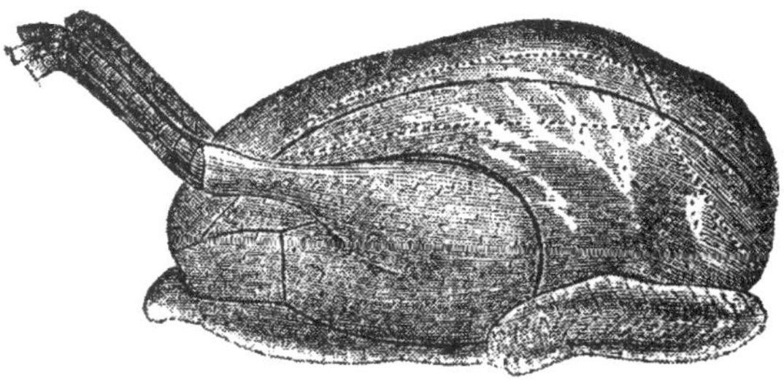

ZUBEREITUNG

Den Backofen auf ca. 190 Grad vorheizen. Die Gans waschen und abtrocknen. Innen und außen mit Salz und Pfeffer einreiben. Das Brötchen mit heißem Wasser überbrühen, zugedeckt einweichen lassen und anschließend kräftig ausdrücken. Die Orange und den Apfel schälen und in gleichmäßige Scheiben schneiden. Aus den Obststücken, dem Brötchen, Orangenlikör, den Rosinen, Mandelstiften und der Orangenmarmelade eine Mischung zubereiten. Damit die Gans locker füllen und zunähen oder zustecken. Die gefüllte Gans mit dem Bauch nach unten in den Bräter setzen. Mit ca. ¼ l heißem Wasser übergießen und in den vorgeheizten Ofen schieben. Die Bratzeit beträgt etwa 2 bis 2½ Stunden. Die fertige Gans aus dem Bräter nehmen, portionieren und mit der Füllung auf einer großen Platte anrichten. Den Bratenfond mit kochendem Wasser lösen, aufkochen und 2-mal durch ein Sieb streichen. Die Oberfläche des Fonds entfetten. Die Speisestärke mit wenig Wasser anrühren und den Fond binden. Mit Orangensaft, Orangengelee und Likör verfeinern. Die Orangenspalten erst zum Schluss hinzufügen. Anstatt Orangenspalten können auch feinste Orangenschalen in die Soße gegeben werden.

Rehrücken nach süddeutscher Art

ZUTATEN

1½ kg Rehrücken (küchenfertig), Salz, weißer Pfeffer, 40 g Butterschmalz, ⅛ l Weißwein, 2 Möhren, 1 kleine Petersilienwurzel, 1 mittelgroße Zwiebel, 200 g Johannisbeergelee, 1 gehäufter TL Senfpulver, 1 Msp. Cayennepfeffer, etwas gemahlener Ingwer, 1 Becher Crème fraîche, etwas Orangensaft

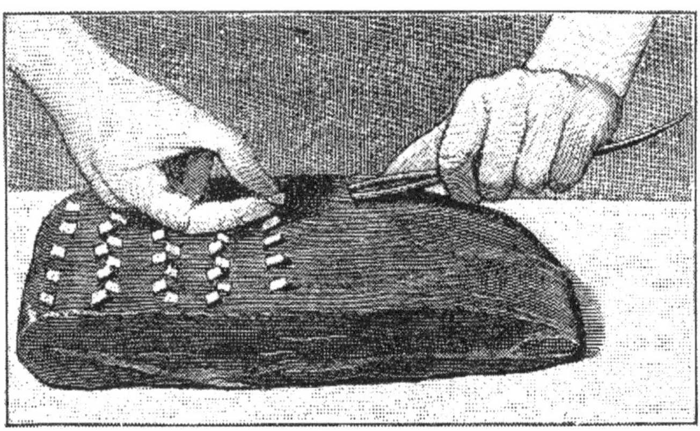

ZUBEREITUNG

Rehrücken trocken tupfen. Mit Salz und Pfeffer würzen. Butterschmalz erhitzen und Fleisch darin rundherum anbraten.

Bräter auf der mittleren Schiene in den vorgeheizten Backofen stellen und bei 200 Grad 50–60 Minuten braten. Weißwein und 1/8 l Wasser vermischen und während der Bratzeit angießen. Gemüse putzen und klein schneiden, Zwiebel schälen und grob schneiden und alles zum Fleisch geben. Bräter herausnehmen und Fleisch warm stellen. Bratenfond mit wenig heißem Wasser loskochen. Alles im Mixer pürieren und in einen Topf geben. Johannisbeergelee und Gewürze zufügen. Aufkochen und Crème fraîche einrühren. Mit Orangensaft abschmecken. Fleisch von den Knochen lösen, in Scheiben schneiden und auf einer vorgewärmten Platte anrichten. Die Soße separat servieren. Ergibt 6 Portionen.

Rotkohl

Zutaten

1 kg Rotkohl, 2 Zwiebeln, 2–3 säuerliche Äpfel, 1 EL Schmalz, 125 ml Rotwein, 2 EL Essig, 4 EL Johannisbeergelee, Gewürznelken, 2 Lorbeerblätter, Zucker, Salz

Zubereitung

Den Rotkohl waschen, putzen und in feine Streifen schneiden. Die Zwiebeln fein würfeln. Die Äpfel schälen, halbieren, vom Kerngehäuse befreien und ebenfalls würfeln. Das Schmalz in einem Topf erhitzen. Zwiebeln und Äpfel darin andünsten. Kohl zugeben und kurz mit anschwitzen. Mit Rotwein ablöschen. Essig, Johannisbeergelee, wenige Nelken, Lorbeer, Zucker und Salz zufügen. Ca. 1 Stunde köcheln lassen, bis der Rotkohl zart ist. Gegebenenfalls Wasser oder Wein nachgießen, damit er nicht anbrennt. Mit Salz und Zucker abschmecken.

Schweinekoteletts mit Apfel-Mandel-Salsa

Zutaten

1 grüner und 1 rötlicher Apfel, ca. 1 TL Zitronensaft, 50 g Mandelstifte, 1 große rote Zwiebel, 2 TL Rosmarinnadeln, 1 EL selbst gemachten Knoblauchessig, Salz, Pfeffer, 8 Schweinekoteletts (ohne Knochen, à ca. 110 g), 1 EL Rapsöl; Friséesalat und Cocktailtomaten zum Garnieren

Zubereitung

Äpfel waschen, halbieren, Kerngehäuse und Stielansätze entfernen, Fruchtfleisch in kleine Würfel schneiden. In eine Schüssel geben und mit ein wenig Zitronensaft beträufeln. Mandelstifte in einer Pfanne ohne Fett unter Rühren goldbraun rösten. Kurz abkühlen lassen. Die Zwiebel schälen und in kleine Würfel schneiden. Rosmarinnadeln hacken. Mandeln, Zwiebel, Knoblauchessig, Rosmarin und ½ TL Zitronensaft zu den Äpfeln geben. Mit Salz und Pfeffer abschmecken und abgedeckt beiseitestellen. Koteletts kalt abspülen, trocken tupfen und mit Salz und Pfeffer würzen. Öl in einer großen beschichteten Pfanne erhitzen. Die Koteletts darin bei mittlerer Hitze von jeder Seite ca. 4 Minuten braten. Fleisch auf Teller verteilen und die Apfel-Mandel-Salsa darübergeben. Nach Wunsch mit Friséesalat und Cocktailtomaten garnieren und sofort servieren.

Süßliches Rindfleisch mit Rosinen

Zutaten

1 Bund Suppengrün, 1 kg Rindfleisch, Salz, 50 g Butter, 30 g Mehl, je 1 Prise Zucker, Zimt, Nelken, 20 g Mandelstifte, 100 g Rosinen, 1 Spritzer Zitronensaft, 50 g Johannisbeergelee

Zubereitung

Suppengrün putzen und grob schneiden. Rindfleisch, Salz und Suppengrün in 2 l kaltes Wasser geben und aufkochen lassen. Nach 1 ½ Stunden Kochdauer Fleisch in Würfel schneiden und warm stellen. Brühe durch ein Sieb gießen und ½ l beiseitestellen. Aus Butter, Mehl und 1 Prise Zucker eine hellbraune Mehlschwitze herstellen. Zimt und Nelken nach Belieben zugeben. Unter ständigem Rühren Mandelstifte und Rosinen einstreuen. Mit Brühe aufgießen. 5–10 Minuten durchkochen, Zitronensaft und Johannisbeergelee einrühren. Fleischwürfel mit Fleischsaft in Soße geben.

Omas Tipp

Dazu passen Klöße oder Kartoffeln und Rotkohl.

Saison-
kalender
für Obst

Der folgende Saisonkalender soll Ihnen eine Hilfestellung bei der Planung und für die Herstellung Ihrer selbst gekochten Erzeugnisse geben. Vielleicht animiert er Sie sogar zu neuen Kreationen … was durchaus beabsichtigt ist. In der heutigen Zeit können Sie verschiedene Marmeladen, Konfitüren und Gelees auch im Winter oder außerhalb der Saison herstellen – sei es aus frisch eingefrorenen Früchten oder aus gekaufter Importware. Empfehlenswert ist letztere Möglichkeit nicht, denn oft bekommen Sie Früchte aus dem Treibhaus, die zwar ein wunderbares Aussehen besitzen, aber oft geschmacklich nicht überzeugen. Und zudem sind diese Früchte um ein Vielfaches teurer als zur entsprechenden Saison eingekaufte. Natürlich ist es eine feine Sache, zu jeder Jahreszeit seine Gelüste nach bestimmten Früchten befriedigen zu können, aber ein richtiger Einmachkoch richtet sich auf alle Fälle nach den Jahreszeiten.

Die Früchte sind nach dem ABC geordnet, die empfohlenen Monate richten sich nach der Zeit, in der die Früchte das beste Aroma besitzen und am günstigsten einzukaufen sind.

Ananas

Von Dezember bis April als Frischprodukt erhältlich, zur Marmeladen-, Chutney- und Saftherstellung.

Apfel

Erntezeit Juli bis Dezember; geeignet für Säfte, Kompotte, Gelees, Konfitüren und Chutneys.

Aprikose

Ende Juni bis August; geeignet für Konfitüren, Kompotte, Chutneys und Säfte.

Banane

Empfehlenswert von Oktober bis März; geeignet für Konfitüren, Säfte und Gelees.

Birne

Ende August bis Ende Februar; geeignet für Konfitüren, Kompotte, Säfte und Gelees.

Blaubeere

Juni bis September; verwertbar für Konfitüren, Gelees und Säfte.

Brombeere

Juli bis September; für Konfitüren, Säfte und Gelees geeignet.

Dattel

Diese Beerenfrucht wächst auf einem Oasenbaum. Von September bis Ende Januar sind empfehlenswerte Früchte im Handel erhältlich; geeignet für Konfitüren, Chutneys.

Erdbeere

Erntezeit von Mai bis Ende Juli; zu verwerten für Konfitüren, Chutneys, Säfte, Kompotte und Gelees.

Feige

September, Oktober und November; geeignet für die Chutneyherstellung.

Granatapfel

Von August bis Dezember; als exotische Frucht geeignet zur Gelee-, zur Saft- und Chutneyherstellung.

Grapefruit

September bis März; geeignet für Säfte, Gelees und Marmeladen.

Hagebutte

Saison von August bis Mitte Oktober; roh nicht essbar! Für Konfitüren oder für Mischmarmeladen geeignet.

Himbeere

Mitte Juni bis Ende September; geeignet für Konfitüren, Gelees, Chutneys und Säfte.

Holunderbeere

August bis Oktober; gut geeignet für Säfte, Konfitüren sowie Gelees.

Johannisbeere (weiß und rot)

Juni bis Mitte September; schmeckt als Saft, Gelee und Konfitüre herrlich.

Kaki

Sieht ähnlich aus wie eine Tomate und soll im Gegensatz zu dieser gekauft werden, wenn sie sich weich anfühlt. Erntezeit ist September/Oktober. Als Beigabe zu einer Mischmarmelade oder als Konfitüre geeignet.

Kaktusfeige

Kommt aus den Tropen und ist wild wachsend; Erntezeit von September bis Dezember. Schmeckt herrlich als Konfitüre.

Kirsche (sauer)

Von Juni bis August; geeignet für Saft-, Gelee-, Konfitüre- und Chutneyherstellung.

Kirsche (süß)

Juni, Juli und August; schmeckt gut als Saft, Gelee oder auch als Konfitüre.

Kiwi

Wird importiert aus Neuseeland, China und Südeuropa. Zum Kauf empfohlen von August bis Januar. Verwendbar für Konfitüren, Gelees, Säfte und Chutneys.

Kürbis

Mitte August bis Ende Oktober; geeignet für Konfitüren und Chutneys.

Mandarine

November bis Ende Februar; für Marmeladen-, Kompott- und Saftherstellung geeignet.

Mango

Kommt aus tropischen und subtropischen Gebieten und ist das ganze Jahr über zu kaufen. Geeignet für Konfitüren, Gelees, Säfte und Chutneys.

Melone

Von Juli bis Oktober; Säfte, Konfitüren und Chutneys.

Mirabelle

Erntezeit ist Juli, August und September; geeignet für Kompott und Konfitüre.

Nektarine

Mai bis Anfang September; geeignet für Kompott, Saft und Konfitüre.

Orange

November bis Februar; schmeckt herrlich als Saft, Gelee, Marmelade und als Beilage zu Chutneys.

Papaya

Gibt es das ganze Jahr über zu kaufen; zu empfehlen für die Konfitürenherstellung.

Pfirsich

Erntezeit ist Juli, August und September. Eignet sich für Konfitüre, Saft, Kompott, Gelee und als Beigabe für Chutneys.

Pflaume

Wird von August bis Mitte Oktober geerntet; schmeckt herrlich als Kompott, Mus, Konfitüre, Saft und Gelee.

Preiselbeere

Mitte August bis Ende Oktober; geeignet für Konfitüre, Saft und Gelee.

Quitte

Roh nicht genießbar! Erntezeit: August, September und Oktober. Geeignet für Mus, Konfitüre und Gelee.

Reneklode

Erntezeit ist Juli, August und September; für die Konfitüren- und Musherstellung geeignet.

Rhabarber

Mitte April bis Ende Juli; geeignet für die Kompott- und Konfitürenherstellung.

Sanddorn

August, September und Oktober; schmeckt herrlich als Gelee oder als Konfitüre.

Schlehe

September, Oktober und November; am besten erst nach dem ersten Frost pflücken. Schmeckt hervorragend als Gelee, Saft oder als Konfitüre.

Stachelbeere

Juni, Juli und August; geeignet für Saft-, Gelee- und Konfitürenherstellung.

Weintraube

Ende August bis Ende November; eignet sich für Konfitüre, Gelee oder Saft.

Zitrone

Oktober bis Ende März; als Beigabe zu Marmeladen und zur Saft- und Geleeherstellung.

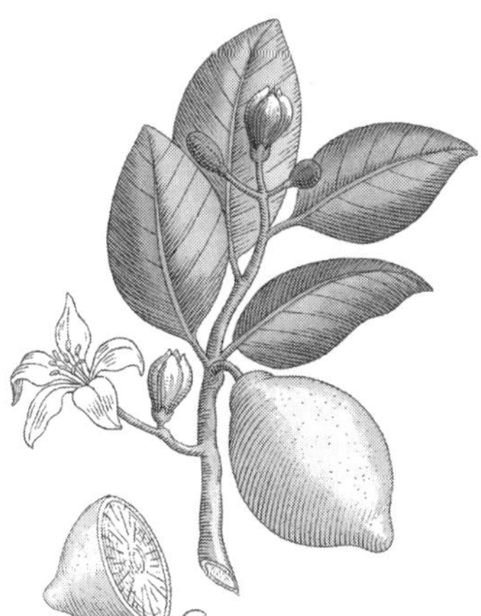

Saison-
kalender
für Gemüse

Auch Gemüse gibt es heute aus der Dose und als Tiefkühlware. Doch zum Einmachen und Einlegen eignet sich am besten möglichst frisches Gemüse. Das gilt auch für Chutneys und Relishes. Im nachfolgenden Saisonkalender können Sie sich informieren, welche Gemüsesorten wann auf dem Plan stehen und Ihre Einmachpläne danach ausrichten.

Aubergine

Von Juni bis September; geeignet für Chutneys und zum Einlegen.

Blumenkohl

Im März und April sowie von Juli bis Oktober; geeignet zum Einlegen sowie für Relishes.

Busch- und Stangenbohnen

Von Juni bis Oktober; geeignet zum Einlegen und Einmachen.

Champignons

Gedeihen das ganze Jahr über; geeignet zum Einlegen und Marinieren.

Chinakohl

Von Oktober bis März; schmeckt eingelegt sehr gut.

Fenchel

Von Juni bis September; geeignet für Relishes.

Gurke
Gedeiht das ganze Jahr über; geeignet zum Einlegen.

Knollensellerie
Von September bis März; geeignet zum Einlegen.

Lauch
Von August bis März; geeignet zum Einlegen.

Meerrettich
Im Oktober und November; geeignet zum Einlegen.

Möhre
Gedeiht das ganze Jahr über; geeignet zum Einlegen, für Gelees, Konfitüren und Marmeladen.

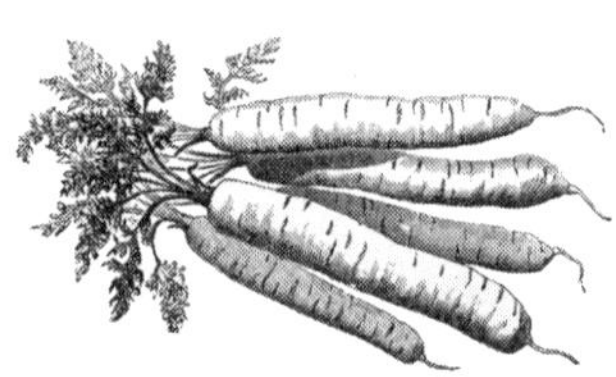

Rote Bete
Von September bis März; geeignet zum Einlegen.

Rotkohl
Von Juli bis März; geeignet zum Einmachen und Einlegen.

Stangensellerie
Gedeiht das ganze Jahr über; geeignet für Relishes.

Tomate
Von April bis September; geeignet zum Einlegen und Marinieren, für Gelees, Konfitüren, Chutneys, Mus und Relishes.

Weißkohl
Von September bis April; geeignet zum Einlegen.

Zucchini
Von Juni bis Oktober; geeignet zum Einlegen, für Chutneys und Relishes.

Zuckermais
Von Juli bis Oktober; geeignet für Chutneys und Relishes.

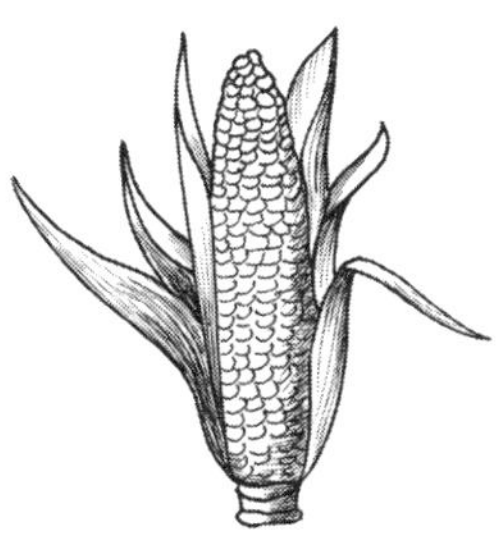

Rezeptregister

Sachregister

Bildnachweis

Wir bedanken uns bei allen Bildlieferanten, die uns durch die Bereitstellung von Abbildungen freundlicherweise unterstützt haben.

Bettina Weisl: 30, 35, 36, 39, 42, 75, 85, 95, 99 o., 119, 120, 121, 128, 146, 152
Fotolia.com: barbulat 79, 131 o.
iStockphoto.com: LEOcrafts 32; denisk0 80, 116; mecaleha 125; niccolay 131 u., 201
mauritius images: 4, 7, 14, 16, 21, 24, 25, 26, 29, 33, 34, 38, 47, 52, 55, 57, 59, 62, 77, 83, 92, 99 u., 104, 117, 134, 143, 164, 180, 202, 204, 205